中公新書 2349

JN159417

對馬達雄著

ヒトラーに抵抗した人々

反ナチ市民の勇気とは何か

中央公論新社刊

はじめに

ヒトラー独裁の崩壊後、ナチスドイツに対比させて「もう一つのドイツ」という言葉が生まれた。ヒトラーに命がけで抵抗した人びとが、そのドイツにもいたからである。この言葉にこめられたドイツ人抵抗者たちについて述べてみよう。

ナチスドイツについては、ユダヤ人憎悪に憑《つ》かれたヒトラー支配のプロパガンダとテロル、密告と監視の警察国家というイメージがある。それはたしかにヒトラー独裁の一面だが、現実には彼は絶大な人気があった。国民は国内に幾百の強制収容所が建設されることを認め、ユダヤ系住民の迫害を許容した。ついにはシンティ・ロマ人（ジプシー）五〇万人とともにヨーロッパのユダヤ系住民六〇〇万人が抹殺されるホロコーストに発展しても、ヒトラーを支持しつづけた。

こうしたなかで、ヒトラー暗殺の計画・未遂は四〇件余にのぼる。その代表的なものが、小型時限爆弾によるヒトラーの暗殺と軍事クーデターをはかった≪一九四四年七月二〇日事件≫である。事件はもはやドイツの敗戦と占領が避けられない状況にあって、国防軍の反ヒトラー派が実行した。だが、ヒトラー自身は軽傷を負っただけである。このニュースはヒトラーへの同情と、事件をおこした人びとへの憤激を呼んだ。それほどまで信頼された総統ヒトラーのもとで、ナチ体制はヨーロッパ全域を蹂躙《じゅうりん》し自国の都市をも廃墟《はいきょ》にして一九四五年五月八日に無条件降伏するまで、一二年間つづいている。

したがって、ヒトラー独裁制を打倒する企ては実ることなく、国民不在の地下運動のままで終わっている。この地下運動が、反ナチ抵抗運動である。

反ナチ抵抗運動は、これまで多面的に検討され、関係する叙述や資料も膨大に蓄積されてきた。そうしたなかで終始注目されたのは、右の《七月二〇日事件》である。この事件が結果として、七〇〇〇人の逮捕者と二〇〇〇人の処刑者を出すなど、反ナチ運動の最終局面となったためである。

事件の中心人物で実行者のシュタウフェンベルク大佐は、戦時中に隻眼隻腕《せきがんせきわん》の傷痍《しょうい》軍人となりながら、一貫した愛国的言動を刑死によって完結させたこともあって、これまで幾度もドラマ化され、抵抗運動を象徴する人物となっている。ちなみにハリウッドスターのトム・クルーズ主演の映画『ワルキューレ』(二〇〇八年)によって、あらためてこの暗殺未遂事件の顚末《てんまつ》が描かれている。

一方、軍人グループのもつような武力とは無縁で、特定組織とも無関係な立場でナチ体制をトータルに拒否した人びととして、ミュンヘン大学の学生であったショル兄妹らの《白バラ》グループがこれまでも早くから紹介されている。ショル兄妹とその仲間たちは、戦時下の一九四二年以降、ユダヤ人や占領地の住民などの大虐殺が明らかになるなか、ヒトラー体制の打倒を訴えたが、一九四三年に全員断罪された。この《白バラ》グループをめぐる裁判は、《七月二〇日事件》の裁判とともに公開されたこともあり、ナチス期から戦後初期にかけて、すでに知れわたっていた。そのため反ナチ活動をイメージするうえで格好の事例となっている。いずれにせよ一枚の体制批判のビラ配布でも刑務所や強制収容所送りとなり、まして体制を否定するものであれば、きびしく処断されるのを覚悟したうえでの行動である。近年やはりドイツ映画『白バラの祈り　ゾフィー・ショル、最後の日々』(原題『ゾフィー・ショル——最後の日々』二〇〇五年)が事実に即して描いており、ご承知の読者もおられるだろう。

右に挙げた人びとは反ヒトラー活動の代表例だが、彼らと連携協力し、あるいは独自に行動した人びともいた。圧倒的多数のヒトラー支持国民からみるとごく少数で、各地に分散して活動していたが、ナチズム(ナチ党の思想と政策)に反対して立ち向かったドイツ人たちである。彼らは無名の男女小市民から文民エリートと目される人びとまで各界各層におよぶ。だがその行動はいずれも他者に強いられたのではなく、あくまで一市民として自分の意思にもとづくものである。ユダヤ人救援からナチ体制打倒まで種々の行動をとるそのような人びとを反ナチ市民ないし抵抗市民と呼ぶことにし、本書の対象にしよう。

そこでまず留意したいのは、ヒトラー独裁が国民に支持された体制だったことである。これまで語られてきたドイツ国民は、ナチプロパガンダにのせられて同調したか、テロルの恐怖に脅され受け身の態度を強いられたとされている。「過去に目を閉ざす者は現在にも盲目になる」の言葉で有名なヴァイツゼッカー西ドイツ大統領の終戦四〇周年演説（邦訳『荒れ野の四〇年』）が、五月八日の終戦の日を国民すべての「解放の日」と表現するのも、そうした国民観を基本にしている。だが話はそんなに単純ではない。「解放」された国民大衆がじつは圧倒的にナチ支配を支えつづけたことが曖昧《あいまい》にされている。

もちろん、ナチスに距離を置くグレーゾーンの人びとも多くいただろう。だが国民大衆の大半はナチ体制の経済的な受益者として行動し、ナチ指導部も支持をつなぎ止めようと様々な手だてを講じた。宣伝相ゲッベルスの日常的なプロパガンダや、親衛隊長官ヒムラーの秘密国家警察《ゲシュタポ》の威嚇があったにしても、一方的な強権支配ということではなかった。ヒトラー独裁制について近年「同意の独裁」（ゲッツ・アリー）という性格が強調されるのもこのためである。

その一方でヒトラーが心底ナチ国家を託そうと期待したのは、大人世代よりも柔軟な青少年の世代であった。つまりナチ支配には、目先の実利によって国民大衆の支持を獲得しながら、青少年にナチ思想を徹底させるという二面性がある。

本書では、抵抗する市民を以上のような枠組みから捉《とら》えよう。そのようにみると、反ナチの行動の前に立ちはだかっていたのは、むしろ隣人住民と総統ヒトラーを熱狂的に信奉する青少年であった。彼らにすれば、ナチ体制を否定する者は生活と世界を脅かす存在であり、戦時下では自国の敗北をたくらむ反逆者となった。

戦後占領下の社会でもまだヒトラー支持は色濃く、抵抗者であった彼らには裏切り者の汚名がつきまとい、遺族たちも物心両面の苦難がつづいた。ここに、英雄視された被占領地のパルチザンやレジスタンスとの大きな違いがある。

ドイツ人の反ナチ活動とは、報われない孤独な現実に身を投じることであった。にもかかわらず彼らはなぜそのように決断し行動したのだろう。この問いの行きつく先は、ヒトラーのドイツと異なる、彼らの思い描く祖国ドイツ、要するに「もう一つのドイツ」のためというほかない。

ナチス崩壊から七〇年を経た現代ドイツには、ナチスの過去を風化させないために「記憶文化」という言葉が定着している。これでもかというほど、いまなお記念館や追悼碑、モニュメントが各地につくられている。また毎年七月二〇日は抵抗記念日とされ、追悼式典がとりおこなわれている。追悼される人びとの中心にいるのは、いまや軍人グループではなく有名、無名の市民たちである。

本書では苛烈《かれつ》な時代に生きた彼らドイツ人抵抗市民の実像を素描してみよう。それは「いかに生きるか」という普遍的な問いかけに、真摯《しんし》に応答し行動した人びとについて述べることでもある。

目次

地図制作・関根美有

キール
シュレスヴィヒ・ホルスタイン
リューベック
ハンブルク
マグデブルク
ハノーファー
ベルリン
ミュンスター
ブラウンシュヴァイク
ポツダム
ケルン
ゲッチンゲン
ボン
バート・ザクサ
ワイマール
ライプツィヒ
バート・ホムブルク
ドレスデン
フランクフルト
ハイデルベルク
ニュルンベルク
シュトゥットガルト
ケーニヒスブロン
ウルム
イエティンゲン
ミュンヘン
コンスタンツ
チューリヒ
ベルン
スイス
ポンメルン
シュテッテン
(シュチェチン)
ダンツィヒ
ケーニヒスベルク
(カリーニングラード)
ラステンブルク
(ヴォルフスシャンツェ)
東プロイセン
ワルシャワ
ポーランド
ニーダーシュレジエン
ブレスラウ(ヴロツワフ)
クライザウ
クラインエルス
オーバーシュレジエン
ズデーテン地方
プラハ
チェコ
(1939年3月保護領化)
クラカウ(クラクフ)
アウシュヴィッツ
(オシフィエンチム)
スロヴァキア
ウィーン
オーストリア
(1938年3月合邦)
太　線　1937年段階のドイツ領
細　線　1939年第2次世界大戦勃発前のドイツ領
太破線　1945年以後のドイツ領
細破線　1945―1990年の東西ドイツ

本書関連のドイツ地図

第一章　圧倒的に支持されたヒトラー独裁と市民の抵抗

1　ヒトラーを歓迎するドイツ国民と反ヒトラーの人びと

ヒトラーの政権掌握

経済危機が骨身にこたえることは、昔も今も変わらない。一九三三年ヒトラー政権を誕生させた大きな要因に、やはりワイマル政末期の深刻な経済危機があった。未成熟で機能しない議会政治に国民大衆は不信感をたかめ、破綻《はたん》した経済と生活の窮乏に憤りをたぎらせていた。大恐慌から立ち直れないまま失業率は最悪の四〇%、失業者の数は六〇〇万人を優に超えていた。中間層は崩壊の危機に瀕《ひん》し、自殺や犯罪が激増するなど、安定と秩序を欠いた社会には絶望感が溢《あふ》れていた。なかでも若者たちは将来の希望を絶たれた犠牲者であった。これがヒトラーを政権奪取に押し上げた現実である。

一九三三年一月三〇日に首相となったヒトラーが、オーストリア生まれの極右煽動《せんどう》の政治屋から翌年八月二日に国家元首を兼ねる民族の指導者〈総統〉に脱皮できたのも、強圧的だが国民が伝統的にこよなく愛する秩序を回復させ、最重要の雇用問題に目に見える成果をあげて、大方の信任を得ていたという背景がある。

もっとも、ヒトラー政権が雇用の拡大と経済回復に取り組んだのは、政権を安定させることが目的であり、それによってナチ思想を実現しようとしたためである。ナチ思想とは、要するに反ユダヤの人種論を根底に、国内的にはすべての社会集団が「公益」のための〈民族共同体〉に一体化し、一人の指導者に無条件にしたがう体制(「総統国家」)をつくることである。ここではドイツ人は身分の違いが平準化されて〈国民同胞《フォルクスゲノッセ》〉となる。また対外的にはドイツ民族は優秀な「アーリア人」として劣等の他民族を支配する存在である。これにたいしてスラヴ民族は「従属の民」でありながら、本来ドイツ民族の「生存圏」である土地に生きている。ドイツが「相応の領土」を確保するのも、この優勝劣敗の人種思想の見地から正当化できる。

何とも独善的で好戦的だが、『わが闘争』(上下巻、一九二五・二六年)に描かれたこのナチ思想は「血と土」のイデオロギーとなり、ユダヤ人など人種マイノリティを全欧から排除し東欧地域を植民地化する現実の政策となっていく。

　ヒトラーが四年以内に国家の再建と経済再生をなしとげると約束し、憲法規定を停止状態にして議会の立法権を政府に預ける全権委任法（三三年三月二三日、授権法ともいう）を成立させたのは、右のような意味において国全体をナチ化（均制化）するねらいがあったためである。だからユダヤ問題が政策の根幹にある。仇敵《きゅうてき》の共産党が徹底的に弾圧されただけでなく、共和政をになった社会民主党（SPD）や中央党（カトリック政党）、ドイツ民主党の指導者、さらに労働組合（社会主義系労組やキリスト教労組など）は「内なる敵」とされた。心身障害者や同性愛者、慢性アルコール依存症患者も「共同体の異分子」として排除されていく。

1－1　ミュンヘン近郊のダッハウ強制収容所で労働させられる政治的囚人（1933年）

　ナチ体制をつくる施策、たとえば国民啓蒙《けいもう》宣伝省の設置、裁判なしに拘束する強制収容所の建設、秘密国家警察《ゲシュタポ》の設立、ユダヤ系・左翼系の官公吏の強制退職、労働組合の解散、政党の解体、遺伝病患者の強制断種、国家反逆罪を裁く民族法廷の設置などは、三三年三月中旬から翌年四月にかけて実行された。

こうした施策について反対行動は表面化していない。ミュンヘン市近郊ダッハウをはじめ、各地に急造された強制収容所にだけでも三三年の一年間で、共産党を中心に社民党の国会議員など政敵や労組の活動家約一〇万人が拘禁されてしまうなど、一挙に反対運動が封じられたからである。

国内にとどまる反ナチ市民

市民たちのなかにはナチズムを本質的に拒否する市民もいた。彼らはどうしたのだろう。彼らは帝政ドイツの崩壊後、人権保障を謳《うた》うワイマル憲法のもとに生まれた議会制民主主義を育てるべきだと擁護し、ヒトラーブームに大きな危機感をいだいていた。そのため少なからぬ著名な文化人たちが反ナチのキャンペーンに積極的に関わってきた。だがナチ政権誕生により表立った反ナチ活動もできず、国外亡命するか国内で目立たないように日常生活を送るしか選択肢がなくなった。

ビザを取得し伝手《つて》のあるユダヤ人や身の危険を察知したドイツ人は、資産を投げうち早々に亡命した。大半のユダヤ人は危機意識に乏しく母国ドイツに希望をよせていたが、アインシュタインのようなノーベル賞級の科学者たちや著名な思想家、音楽家たちはナチ当局の追放措置もあって亡命せざるをえなかった。ドイツ学術全体を衰退させた第一級科学者の亡命は一五〇〇人を超え、そのほとんどがアメリカを亡命先に選んだ。

では、とどまる決意をして、のちに政治的抵抗者の道を歩む人びとはどうなのだろう。二、三の例を挙げよう。戦時下の代表的な反ナチ市民グループ《クライザウ・サークル》の有力メンバーとなるアドルフ・ライヒヴァイン（一八九八―一九四四、刑死）は、社民党員のかどでハレ教育大学教授を追われたが、すすんで農村の国民学校の教師になった。もっと年少でヒトラー政権を二〇代で迎えた人のばあい、大学修了後どんな職業を選ぶかということから政治的抵抗は始まった。

《クライザウ・サークル》の主宰者ヘルムート・ジェームズ・フォン・モルトケ伯（一九〇七―四五、刑死）は「近代ドイツ陸軍の父」大モルトケ一族の末裔《まつえい》だが、ヒトラー政権誕生によりナチ党に入党を強制される判事の道を諦《あきら》めベルリンで弁護士となりながら、ユダヤ系被迫害者たちの支援救済に関わっている。同じくグループの一員となるアダム・フォン・トロット（一九〇九―四四、刑死）も、ローズ奨学生としてケンブリッジ大学で学んだあと官僚機構に身を置くことをためらったが、反ナチの高官の多い外務省に入っている。省内にはやはりメンバーとなるハンス＝ベルント・フォン・ヘフテン（一九〇五―四四、刑死）がおり、連携して体制批判者たちの国外移住を助けている。

だがナチ政権初期においては、ヒトラーブームに支えられた政権が今後安定に向かうのか否かを見さだめようという姿勢が彼らの基本にある。トロットがイギリスの友人に「ナチ体制にたいしてあらゆる手段で闘わねばならないにしても、公然たる反対は当分無益である」と伝えているのも、そうした姿勢からである。そのため、キリスト教信仰のナチ化に抗して結成された「告白教会」（民族と国家の神格化を否定する「バルメン宣言」に結集したプロテスタントの福音派教会）を個人的に支援したり、政治的被迫害者やユダヤ人の国外移住を援助する行動をとるほかは、いまだ手探り状態にあった。

ヒトラー支持者だった抵抗者たち

トロットが「公然たる反対は当分無益である」とみる理由に、政治経済エリートの大半がナチ政権の誕生を肯定していたことがある。のちに反ナチグループ《ゲルデラー・サークル》を率いるライプツィヒ市長カール・ゲルデラー（一八八四―一九四五、刑死）をはじめ、財務官僚ヨハネス・ポピッツ（一八八四―一九四五、刑死）、外交官ウルリヒ・フォン・ハッセル（一八八一―一九四四、刑死）といった反ナチ運動に身を投ずることになる人びとも、ワイマル末期には反共和政的な立場をとり、ヒトラー政権初期に再登用されている。またのちに国防軍の反ヒトラー・グループの総帥となるルートヴィヒ・ベック将軍（一八八〇―一九四四、自決）や青年将校クラウス・フォン・シュタウフェンベルク（一九〇七―四四、刑死）のような軍人にしても、ヴェルサイユ条約による軍備の制限に不満をもち、新政権の誕生に「一九一八年以後はじめて大きな明るい希望」（L・ベック）を見いだしていた。

《白バラ》運動に学友たちと立ち上がるショル兄妹は、父がミュンヘン近隣の町長を務めた富裕な市民家庭に生まれ、自由でキリスト教的な雰囲気のなかで育っているが、この時期は姉インゲ・ショルにならって、ナチ党の青少年校外組織ヒトラーユーゲント（男子一〇―一八歳、女子一〇―二一歳が加入する。女子の組織の正式名は「ドイツ女子団」）に参加し、熱中していた。彼らには「ナチスの連中のいうことを信じてはいけない、連中は狼《おおかみ》だ、ドイツ国民をおそろしいかたちで誘惑しているのだ」と戒める父ローベルトの言葉をまだ理解できなかった。

このような人びとが確信的な反ナチ抵抗者となり、ヒトラー打倒の行動につきすすむのは、ナチ本来の人種政策が先鋭化してからである。

2　ヒトラーの人心掌握と国民大衆の熱狂

失業問題の解決

ヒトラーが支持されたのは大量失業問題を早急に解決したからである。第一次世界大戦の責めをドイツに負わせ、領土の割譲や極端な軍備の制限、過重な賠償を課したヴェルサイユ条約を破棄し、〈偉大な国家〉を再興するという外交政策を訴えるヒトラーのアジ演説には、国民大衆が喝采《かっさい》し、彼の人気をたかめていた。当時の彼らは権威に引きずられ思想信条の自由を重くみない未成熟な政治意識であったため、ナショナリズムを煽《あお》るヒトラーの巧みな演説に酔いしれた。宣伝相ゲッベルスが家庭や職場に安く供給したラジオは、その種のヒトラー演説をはじめナチプロパガンダの強力な手段となった。

だが外政問題以上に、国民大衆には、失業不安と見通しのない生活の解決が最大の関心事であった。誰もが社会的な転落と窮乏の不安をかかえていた。若者たちは恋人がいても結婚できず、夫婦は安心して子どももつくれなかった。中間層の人びとには、物価が数千倍になり通貨が紙くずになった一九二〇年代前半のハイパーインフレの体験が、トラウマとなっていた。失業苦にあえぐ人びとは、ヒトラーが経済問題を解決してくれるように切望していた。

彼らがナチ党に期待し支持したのもそのためであって、過激な反ユダヤの人種論を打ち出すナチ思想に共鳴したからではなかった。

ヒトラーは終始、日々の家計を預かる平凡な一般女性たちの高い支持を集めていたが、彼女たちの回想からもヒトラー支持が失業問題の解決と直結していたことがわかる。たとえばこうである（以下筆者訳の出典は巻末の主要文献一覧を参照）。

1－2　ドイツ人女性たちの熱狂的支援を受けるヒトラー（1936年）

「私たちは仕事とパンが欲しかったの。ひもじくてデモもしたわ。でもそれはヒトラーが首相になる前のことよ」「ヒトラーは一撃ですべてを変えてくれたわ。夫も突然仕事を得たし、ほかのみんなも突然そうなったの。だから国民大衆はヒトラー支持者になったのよ」

（『女性たち——ドイツ女性第三帝国を語る』）

「一撃」とか「突然」という表現は措《お》いても、ヒトラーが公約したように、統計的には一九三三年から三六年までの「第一次四ヵ年計画」によって失業者が六〇一万人から一五五万人に四分の一近くまで減少したこと、一九三二年に最低水準であった国民総生産が三六年までに約五〇%上昇したこと、国民所得も四六%増大したことなど、彼が経済回復・景気回復に成果をあげたのは事実である。

このうち雇用を牽引《けんいん》したものは、大規模な財政出動による全国規模の公共土木事業、とくに道路網の拡充と、自動車工業と関連産業の助成策である。この施策を中央銀行総裁さらに経済相として仕切ったのは、ハイパーインフレ退治の英雄ヒャルマル・シャハトであり、また物価安定を監視する全国価格管理官に就いたのが、ライプツィヒ市長ゲルデラーである。

アウトバーンと夢のフォルクスワーゲン

公共土木事業の目玉はアウトバーン建設である。高速道路網の整備はワイマル期から着手されていたが、ヒトラーのそれはモータリゼーションを発展させ、軍事への転用も展望した重点施策であった。しかもこれには彼の強い思い入れと、大衆の歓心を買うねらいがある。一九三四年六月に始まる「国民車《フォルクスワーゲン》計画」がそうである。

ヒトラーは無類のカーマニアであった。当然、知識も豊富である。富裕者のシンボルであった自動車を「一家に一台」のスローガンで大衆に普及させるために、自ら基本デザインを描き、同国人の自動車設計技師ポルシェに、破格の安値で堅牢《けんろう》な空冷式高性能低燃費の、夫婦と子ども三人を想定した大衆車の製作を依頼した。それに応《こた》えてポルシェは三八年に最終試作車を完成させ、フォード社に学んで大量生産の道筋をつけている。この計画に沿って、

1－3　1938年４月20日、ヒトラー49歳の誕生日にポルシェ（左端）が説明するフォルクスワーゲンのモデルを、嬉しそうにみつめるヒトラー

積み立て方式による予約購入の募集が大々的におこなわれた。毎週五ライヒスマルク（以下マルクと略記）の無理のない払い込みで、一般労働者でも四年後には憧《あこが》れの自動車を入手できるはずであった。この計画を差配したのはナチ党国家組織「ドイツ労働戦線」の下部機構「歓喜力行団」（ＫｄＦ）、車名も「ＫｄＦ車」である（開戦のために三三万六〇〇〇人の応募者のうちごく一部にしか届かなかったが、戦後になって応募者に行き渡ったという）。

レジャーの魅力

「歓喜力行団」にはナチ思想にいう、民族の絆《きずな》で一体化された〈国民同胞〉の意識をたかめ、生産力の

1－4　歓喜力行団の大型客船「ヴィルヘルム・グストゥロフ号」（25000トン）の出航に手を振る「ドイツ女子団」の少女たち（1939年）

向上にも資する余暇の普及充実をはかる役割があった。週四〇時間労働制の導入や休暇の延長（年平均三―六日から一二日へ）は、大量失業者を減らすワークシェアリングの方策であったが、レジャー活動に変えられていった。レジャー普及のために定期的なスポーツ、演奏会、祝祭典の実施、「ヴィルヘルム・グストゥロフ号」など大型客船による格安の国内外観光旅行、さらに各地での保養事業、たとえばドイツ北端リューゲン島海岸に建設された常時二万人宿泊可能な総合レジャー施設「プローラ」（一棟六階建て、長さ五〇〇メートルの建物を連結した八棟の施設、開戦のため利用されなかった。現在は一部青少年宿泊所となっている）での夏期保養など、様々な事業が継続的に実施されている。

一般労働者層を中心に国民大衆は、失業問題が解決し夢のフォルクスワーゲンや自由に生活を楽しめるレジャーの事業が打ち出されたことに拍手喝采した。そうした雰囲気のなかで開催された一九三六年夏のベルリン・オリンピックは国威発揚の絶好の機会として宣伝され、ヒトラー人気は最高潮に達している。

　ではヒトラー独裁が圧倒的に支持されるなかで、反ユダヤ主義の施策はどうなったか。

3　ナチス人種政策と「声なき蜂起」のはじまり

反ユダヤ政策の始動

なぜ反ユダヤ主義なのだろう。ナチ政権発足時のドイツ総人口約六五〇〇万人に占めるドイツ・ユダヤ人（ユダヤ教徒ユダヤ人）は五〇万人、これに混血のユダヤ系ドイツ人七五万人を加えても二％に満たないマイノリティである。だがその経済的影響力は金融業を中心に絶大であった。これには、彼らが中世以降キリスト教徒の嫌う金貸し業などに就業せざるをえず、疎外された生活を民族独自のイディシュ語を使用するユダヤ教共同体で乗りこえてきた歴史がある。反ユダヤ主義はそうしたユダヤ人社会をキリスト教文化圏の〈異物〉とみて、差別排斥するヨーロッパにつくりだされた潮流であった。

　ドイツにも反ユダヤ主義の根強い伝統はあったが、他国にくらべて強かったわけではない。むしろこの地でユダヤ人はヨーロッパでもいち早く同化して、非ユダヤ人と結婚しキリスト教に改宗するなど積極的にドイツ人社会に溶け込み、実業界や科学芸術の分野でも活躍していく。自らをドイツ人と自負する彼らにドイツは母国となり祖国となったから、第一次世界大戦でも実戦要員に志願しドイツ帝国に忠誠を示した。すでに宰相ビスマルクのもとで国民としての権利が与えられていた彼らは、ワイマル憲法によって市民権・公民権をもつ完全に同等のドイツ国民となった。実業界はもとより、政府の要職をはじめ行政・司法・文化の分野でも重要ポストに就くなど共和国の屋台骨を背負っていた。しかもユダヤ系市民の多くは平均以上の収入に恵まれた中間層に属していた。

だがその一方で、彼らの日常は極右による反ユダヤ主義の攻撃にさらされている。「金権支配のユダヤ人」とか共産主義の元凶「ユダヤ・ボルシェヴィキ（ここでは侮蔑《ぶべつ》的な共産主義者の意）」は、その常套句《じょうとうく》である。極め付きはヒトラーが『わが闘争』のなかで、ユダヤ人が世界征服をたくらむとした陰謀書『シオン賢者の議定書』（二〇世紀初頭ロシア内務省秘密警察の捏造《ねつぞう》といわれる）を「偽書」ではなく「本物」であると強弁し、彼らの陰謀の脅威を煽り流布させたことである。結果としてそうしたデマは、ユダヤ富裕層にたいする反感と敵《てき》愾心《がいしん》をたかめている。

ヒトラー政権・党指導部もナチス突撃隊員によるユダヤ人への暴行や不当な逮捕を黙認し、一九三三年四月一日には全国的なユダヤ人ボイコットを指示している。だが大半の国民はかえってそうした暴力行為に反発し、ボイコットにも多くの地域とくに大都市の住民は応じなかった。ヒトラー政府も失業問題・経済への悪影響を考慮して、迫害に手心を加えていた。

ところが失業問題が急速に解消し、さらに軍部や大多数の国民が望む、敗戦で失われたザール地方のドイツへの帰属や、徴兵制の復活と再軍備宣言（三五年）によってヴェルサイユ体制が打破されたことで、ヒトラーはドイツ民族の輝かしい未来と栄光の体現者となった。彼は青少年たちに理想視され、三六年にはヒトラーユーゲントは入団者も五四〇万人を超え、ユダヤ系以外の青少年全員に加入が強制された国家青少年団体とされた。元来ヒトラーは大人よりも青少年を重視していた（もっとも彼の心底には青少年は「取り替えのきく部品」という考えがあった）。要は彼らにナチ思想を注入しやすかったからである。

1－5　ヒトラー誕生日祝賀の行進をするウルム町のヒトラーユーゲント。旗手左から３人目が少年期のハンス・ショル

　弱冠二七歳で全国青少年指導者に任じられたB・v・シーラッハは、学校教員を「無意味な知

識の詰め込み屋」として毛嫌いするヒトラーの立場と自分の青年運動体験を押しひろげて、ヒトラーユーゲント活動を学校教育に優越させ、青少年をナチ思想実践の先兵に育て上げていった。子どもの著しい学力水準の低下や家族関係の荒廃も、こうしたなかで生じている。

ともあれ、総統ヒトラーが神格化されるなかでナチズムへの同調者が急増し、ユダヤ人迫害を非難する声も小さくなっていく。それを助長したのが、味方でないものは敵であるというナチ支配の手法である。日常的に反ユダヤ感情を煽るメディアに加え、ナチ党末端の街区監視員による住民情報の収集やゲシュタポ匿名諜報員《ちょうほういん》の存在などが、ユダヤ系住民と普通に接触していた住民の心理を威圧し、彼らに距離を置くようにさせた。

すでに一九三三年以降段階的にユダヤ系ドイツ人は官公吏や専門職、学術文化活動から排除されていたが、それを決定づけたのがニュルンベルク人種法（一九三五年九月）である。これにより祖父母の四人ないし三人をユダヤ人にもつ人びとは「完全ユダヤ人」とされ、その数七七万五〇〇〇人（一九三七年）は、市民権を奪われ公的扶助の資格も剝奪《はくだつ》されていく。同法は推定二万人の非定住民族シンティ・ロマ人をも対象とし、戦時下には占領地域にも拡大適用された。

こうしたなかで資産のあるユダヤ人の国外移住は、三七年までに一三万人におよんでいる。最初は、アンネ・フランク一家のように近隣国オランダなどが避難場所になったが、ナチ体制が安定するにつれ大半は北米や南米、とくにイギリス委任統治領パレスティナに逃れていった。ナチ政府も彼らに法外な特別出国税を課して厄介払いにつとめた。だが国際的な反ユダヤ主義の風潮に加え、各国とも失業問題をかかえていたため、無資産ユダヤ人の受け入れをしぶるようになった。移民大国アメリカも反対世論におされ、その例外ではなかった。

戦争準備と連動したユダヤ人迫害

注意したいのは、右のようなユダヤ人迫害が戦争準備の「第二次四カ年計画」（一九三六年九月）に密接にリンクしていることである。この「計画」は「生存圏」の確保――それは農民層の東欧植民政策でもある――に向けて、大幅な軍備増強と自給自足経済を達成して、戦争可能な体制をつくることにあった。だがすでに過重すぎる国庫負債に加えて、さらに急速な軍備増強をはかることは国家財政の崩壊につうじていた。

これに反対する財政責任者シャハトは、ゲルデラーとともに貿易促進の市場経済派であり、ユダヤ人迫害にも異議を唱え閣内で孤立していた。唯一産業界の信頼を得ていたシャハトだが、このため翌三七年一一月経済相を解任された（三九年一月には中央銀行総裁をも解任された）。ゲルデラーのばあい、法秩序を無視するヒトラー政権そのものに幻滅し、ライプツィヒ市の誇る音楽家メンデルスゾーン記念像が人種的理由で撤去されたのを機にナチ政府の公職だけでなく市長職も辞し（三七年三月）、反ナチ活動に入っていく。

さらに、反ユダヤ人種政策や国防軍を自分の野心の道具にしようとするヒトラーを危険視していた参謀総長ベックを中心とした将官グループ、プロイセン財務相ポピッツ、さらにイタリア大使ハッセルのような保守派エリートたちも、戦争で勝てばあとは何とでもなる、とばかりに無謀な道をひた走るヒトラーとその追随者たちに、「世界大戦とドイツの大破局の危険」（ベック）を確信せざるをえなくなった。彼らは日独伊防共協定（三七年）を経て、戦争の危機が高まった三八年夏ごろにはナチ政権に決別し、ヒトラー打倒の政治的抵抗者の道を歩んでいく。

一方、ヒトラーの指示する戦時経済体制をつくるには、国庫破綻をくい止め国民大衆が離反しないようにする必要がある。しかも高所得者層への増税と低所得者層の税負担の軽減は、〈国民同胞〉の平準化された生活保障をかかげるナチ公約の前提であった。「水晶の夜」事件として名高いユダヤ人大迫害《ポグロム》を機に、ユダヤ人を経済活動から排除し根こそぎ資産を奪うのもこうした脈絡からである。

一九三八年一一月、ナチ指導部が仕組んだこのポグロムは、ドイツ全土とオーストリアのユダヤ人への暴行と殺害、略奪・店舗破壊、ユダヤ教会堂の焼き討ちなどからなる。「水晶の夜」とは、破壊されたユダヤ系商店街の大量のガラス片が月夜に輝いていた光景による、事件の間接的表現である。さらに、強制収容所に計画的に富裕なユダヤ人三万人が拘引され（釈放と引き換えに出国を約束させ、過重な特別出国税を徴収）、事件にたいするユダヤ人の連帯責任として償い金一〇億マルクが課された。ゲッツ・アリーによると支払い不能に陥る寸前の国家財政の窮地は、このユダヤ人の償い金で乗り切ったという。

1－6　略奪破壊されたユダヤ人商店前を眺めたり笑いながら通る人びと（1938年11月末）

それだけではない。すでに前年からユダヤ系企業を潰《つぶ》し、非ユダヤ系企業を利する吸収統合がすすめられていたが、事件後にはユダヤ人の小売・輸出・手工業の禁止および全ユダヤ企業の強制的な「アーリア化」（ドイツ人企業のものとすること）がおこなわれ、ユダヤ人資産も没収されていく。間近に迫った開戦に備えてのことである。こうしてユダヤ人はドイツ経済から抹消され、職も奪われた。

ポグロムのあとユダヤ人の生活状況は一変した。行動の自由は制限され、子弟も公立学校に通学することを禁じられた。子どもたちはヒトラーユーゲントの団員たちの目を恐れ、戸外で遊べなくなった。

店頭の「ユダヤ人おことわり」の貼《は》り紙は日常の風景となった。政権初期には毅然《きぜん》としてユダヤ人への暴力行為を止めに入るドイツ人住民もいた。だが反ユダヤ主義の嵐《あらし》のなかで見て見ぬふりをする態度が一般化し、極貧のなかで飢えと病に苦しむユダヤ人犠牲者を助ける人びとの姿は表立って見られなくなった。密告が常態化していたからである。

反ナチ運動の胎動

密告社会においては国民的な反ナチ運動は生まれない。だがすべての人びとが体制に同調しつづけるということではない。少数とはいえ、自分自身の価値観によって事態を見つめ問い考える人がいる。とくにポグロム以降、普通の市民の反ナチ的地下活動が各地に自然発生的に生じるのも、このためである。不安や恐怖に打ち克《か》つことは、もちろん容易ではないだろう。しかしそれをのりこえた人びとには、もはや他人にどうみられるかではなく、自分が何をすべきかが問題であった。ナチ支配の不法な実態がドイツ社会にあらわになったことが、決定的なきっかけである。

彼らは、共産党などの左派政党や労組の活動家たちの、上からの指令による反ナチ情宣活動のような明確な政治闘争をとらなくとも、ナチズムに抗議の姿勢を示すようになった。最初は〈国民同胞〉の公式の挨拶《あいさつ》形式として強制された「ヒトラー式敬礼」（直立して指を揃《そろ》えた右腕を斜め上に挙げ、ハイル・ヒトラー！ と叫ぶ）や、ナチ旗の掲揚、居室の正面の壁にヒトラー画像を掛けることを無視し、公式に定められたナチの祝祭や示威行動に参加しないなど、個人レベルの消極的な反ナチ行動として生じた。

こうした行動はやがて、信頼できる仲間たちとの間でナチによる宣伝と異なる情報を交換し、それを流す活動に広がった。ナチ期をつうじて、人種論に反対する福音派の告白教会は被迫害ユダヤ人の避難所となっていたが、この告白教会を介して彼らを救援するグループも生まれた。そうすることで、一般の男女市民の草の根的な行動と確信的な反ナチ抵抗グループの活動との連携協力もすすんだ。作家ヴァイゼンボルンのいう「声なき蜂起《ほうき》」が始まっていた。その非合法グループの数は数百にのぼるという。

4　戦時体制下の反ナチ運動

ゲットー移送と略奪の戦争経済

被迫害ユダヤ人はポグロムを機に必死に国外への脱出をはかるようになった。ナチ政府も彼らの国外移住を加速させている。それでも旧領ドイツだけで一九三九年五月には二三万三〇〇〇人が残っていた。

ところが同年九月一日ドイツ軍のポーランド侵攻によって第二次世界大戦が始まり、東欧に急速に領土が拡大されたことで、新たに数百万のユダヤ人を抱え込むことになった。ポーランドだけでユダヤ人人口は約三四〇万人である。これに占領された中欧・南欧地域のユダヤ人と、亡命ユダヤ人も加わった。この間マダガスカル島への移送も計画されたが、結局出国策によるユダヤ人排除の目論《もくろ》みは頓挫《とんざ》し、四〇年二月以降には、編入ポーランド領を中心につくられた数百のゲットー（ユダヤ人の隔離集住地区）と収容所にユダヤ人を強制移送させる施策がとられるようになった。

読者はワルシャワ・ゲットーの名をご存じだろう。その食住環境の劣悪悲惨さは、「コルチャック先生」の愛称で知られる医師・作家ヤヌシュ・コルチャックが、彼の孤児院の児童二〇〇人のために悪戦苦闘し、結局トレブリンカ絶滅収容所に移送されるまでをリアルに描いたアンジェイ・ワイダ監督の映画『コルチャック』（一九九〇年）からもおおよそ想像できる。ゲットーとは、生きることを否定されたユダヤ人だけを飢えさせ病気にして、緩慢に大量殺戮《さつりく》する場にほかならなかった。

その一方で、ナチの戦争政策は占領地域から人的、物的に収奪をおこなうことで自国民の生活を維持し、銃後の不満を抑えている。つまり略奪経済である。すでに開戦前から残留失業ユダヤ人は、グループ単位で開墾や道路建設、工場労働などで最小限の必需品の購入さえできない最低の賃金で働くことを強制されていた。

戦時下には、出征による労働力不足を補うために、占領地域とくに東部からポーランド人男女やロシア人戦争捕虜など最大七五〇万人（四四年五月には全労働人口の二〇％）が、農業をはじめ鉱業、軍需産業などに投入されている。さらに全欧占領地域のユダヤ人資産の収奪（アーリア化）にとどまらず、ドイツ本国への輸送用に食糧や物資が略奪され、占領地域の分担金も最終的には国家支出全体の二六・四％に達したといわれる。溢れる物品を前後に背負い自慢顔に帰国するドイツ兵士たちの姿をおさめる写真は多いが、それはもはや略奪者の姿以外の何ものでもない。まさに後は野となれ山となれの世界である。

1－7　ワルシャワ・ゲットーの道端で飢えと寒さに苦しむ子どもたち

こうしたなかで、配給制度の敷かれたドイツ国内の生活は、苦しくとも著しく低下することはなく、比較的安定していた。さらに四一年後半に英空軍の空襲が始まると、家を失った家族に、追放ユダヤ人の住居と国外から略奪移送された膨大な家財までもが手当てされた。ナチ指導部には、先の戦争が国民生活に極度の困窮を強いたために人心を離反させたという考えがあったからである。そのために最大限目先の実利を提供して銃後の支持を維持していくことが工夫された。

したがって大半の国民には、ヒトラーへの感謝の気持ちだけがあった。隣人として生きてきたユダヤ系住民がすべてを失って奴隷労働を強いられていることや、占領地域の人びとが略奪と搾取に苦しんでいることは無視された。彼らにあるのは徹底的に利己的な「国民同胞」の生活だけである。他者を思う心の痛みはない。

恒例化された冬季貧民援助運動（実際は軍備費に充てられる）や月一度の粗食の日曜日のスローガンもいう――「行動でもって総統に感謝しよう！」。

こうした事情があったから、ほぼ終戦までナチ体制にたいする国民大衆の忠誠心は維持され、総統ヒトラーは信頼されつづけた。それはナチ思想の行きついたユダヤ人の抹殺、つまりホロコーストをも、見て見ぬふりをする態度につうじている。

反ナチ運動の高揚

一九四一年一〇月、衣服左胸に黄色の〈ダビデの星〉（ユダヤ人の証《あかし》）を縫い付けて国外移住も禁じられた残留ユダヤ人は一七万人、そのうち七万三〇〇〇人がベルリンにいた。そうした彼らが強制労働の末に貨車で移送され、労働不能になると殺害されるのである。すでに同年六月のソ連侵攻以来、前線の背後では親衛隊（SS）指揮下の特別行動隊によって大虐殺がおこなわれていた。その惨状はドイツ国内にも噂《うわさ》として伝わっていた。東部戦線の帰休

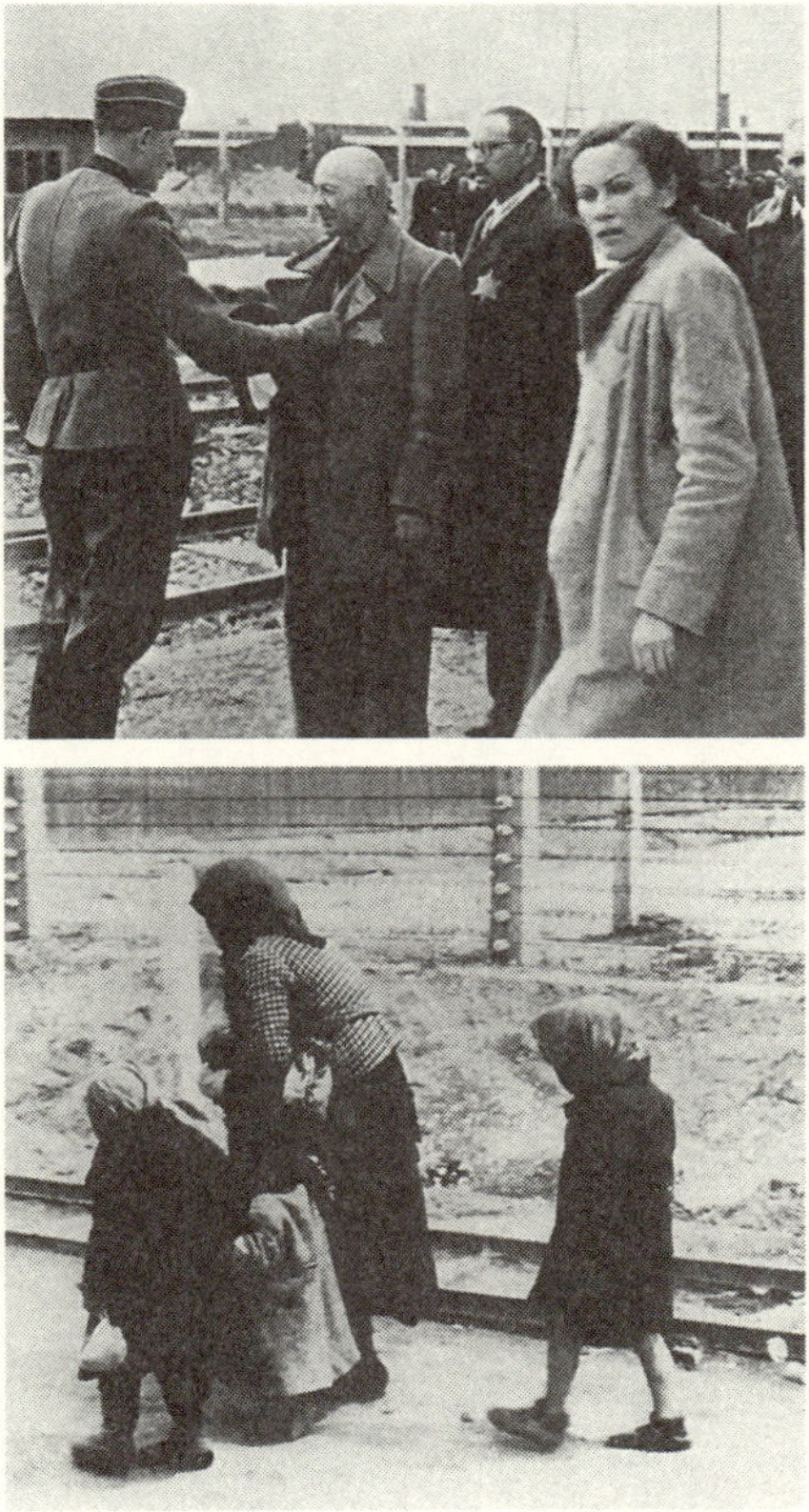

1－8　（上）アウシュヴィッツ第２収容所ビルケナウの降荷場で「選別」されるユダヤ人（1942年）。（下）同収容所でガス室送りとなった母子（1942年）

兵からの話であれ、東部占領地域のドイツ人関係者の情報であれ、知ろうと思えば知ることができたからである。

これにたいしてナチ政府は、開戦と同時にラジオで外国放送を聴くことを禁止し、さらに戦争を批判し流言をなす者を厳罰にする戦時法規をもって臨んでいる。銃後の国民大衆もまた無関心をよそおっていた。

だが一方で、ヨーロッパ占領地域の人種マイノリティの抹殺がすすむ未曽有《みぞう》の事態のもとで、ポグロム以上の衝撃をうけた反ナチ市民たちの地下活動も、首都ベルリンをはじめ大都市で活発になった。

ヒトラーユーゲントに熱狂したショル兄妹たちも変わった。当初思い描いた自己解放とは真逆のナチ組織の実態を知り、家庭での親密な語らいや教会で聖職者の教えに耳を傾けることで自分自身を取り戻し、さらにポグロムを体験して確信的な反ナチの男女青年になっている。四三年二月、彼らが引き起こした《白バラ》事件は大学生による反ナチ運動として注目を集めた。だがこの事件をのぞくと四四年のヒトラー暗殺によるクーデター計画《七月二〇日事件》の失敗・公表まで、市民レベルの反ナチ行動は各地で露見しても秘密裡《ひみつり》に処理され、表面化することはない。

では、ナチ当局が隠しつづけた彼ら反ナチ市民の地下活動とは、具体的にどのようなかたちをとったのか。彼らは何を考えて行動したのか。さらに彼らはいったいどうなったのか。

以下、こうした問いにたいして時代順に述べてみよう。

第二章　ホロコーストと反ナチ・ユダヤ人救援ネットワーク

1　迫害されるユダヤ人と救援者たち

強制移送とホロコースト

ナチ政権下で生じたユダヤ系ドイツ人の国外移住には、大きく三つの波がある。第一波は一九三三年の政権発足、第二波は三五年のニュルンベルク人種法の公布、第三波は三八年のポグロム（「水晶の夜」事件）によってひきおこされた。迫害が激しくなるにつれて出国者も増えた。国外移住はナチ政権にとっては人種主義国家ドイツからの追放、排除であり、迫害されるユダヤ系の人びとにすれば母国からの不本意な脱出である。

だが、その脱出もできなかったユダヤ系の人びとを待ち受けていたのは強制移送である。

2－1　（上）警察の車で駅に搬送されるユダヤ人たちをみるレラハ町の住民。（下）公売会に殺到したレラハ町の住民たち。右側に公売品が置かれ、公売会について説明する警官がみえる

一九四〇年一〇月二九日、戦勝気分に沸く南西ドイツ、バーデン・ヴュルテンベルクのレラハ町から南仏グール強制収容所にユダヤ人が移送される状況の記録がある。

一人当たり所持金一〇〇マルク、大人五〇キログラム、子ども三〇キログラムに制限された手荷物鞄《かばん》をもつユダヤ人家族たちの集合場所は「興奮した野次馬《やじうま》」の雰囲気に

包まれていた。移送される彼らを侮蔑のまなざしで傍観している人びと、さらに悪口を浴びせる人びとのなかにはヒトラーユーゲントの少年たちもいた。強制移送の数日後、遺《のこ》された彼らの所有物の公売会は、当然のことのようにこの機会に「買い得品」を手に入れようとする住民たちで溢れかえった。

（『衆人環視のなかで――ユダヤ人の強制移送と資産の競売』）

2－2　アウシュヴィッツ第2収容所ビルケナウ。初冬の降荷場引込線跡地（2005年11月末）

もはや同情心はなく物欲を満たそうとするドイツ住民の姿だけが目につくが、これと似た状況は全国各地で繰り広げられている。なおユダヤ系の人びと六五〇〇人余を集めたグール収容所は、四二年夏まで東部占領地域の絶滅収容所へ移送するための集合収容所であった。

こうした強制収容所は国内外に数多くつくられたが、その多くは旧ポーランド領にある。四一年九月、ヨーロッパ・ユダヤ人輸送交通の要衝にあたるアウシュヴィッツ強制収容所（現ポーランド・オシフィエンチム）は、ガス殺の効果と効率をためす拠点となった。一〇月には第二収容所ビルケナウが建設され、ナチ政権に癒着する巨大化学企業IGファルベンをはじめドイツ企業・工場の注文に応じて労働供給をおこなう、大小三九の支所を併せもつ最大の絶滅収容所に拡張されていく。以後、ここで働かせるためにドイツ国内外のユダヤ人強制労働者が大量に移送された。だが彼らの奴隷労働の先には、いずれにしても餓死か病死、ガス殺による死が待ち受けていた。四五年一月にソ連軍によって同収容所が解放されるまでに犠牲者数は一〇〇万人を超えている。こうしてアウシュヴィッツは、史上類をみないナチ国家のホロコーストを後世に記憶させる言葉となった。

流布する絶滅収容所の情報

右のような事態はもちろん反ナチの人びとに伝わっている。たとえば《クライザウ・サークル》の主宰者モルトケは旧ドイツ領東部シュレジエン州ブレスラウ（現ポーランド・ヴロツワフ）の近くに所領地クライザウ（現クルジゾワ、住民二〇〇人余。彼は当主となった青年時代に所有地を農民に解放した）があったために、収容所建設には詳しかった。一九四三年三月二五日、スウェーデンのストックホルムからイギリスの友人ライオネル・カーティスにこう伝えている。

農場から数マイルのところに強制収容所がつくられました。これまで数カ月単位で新しい収容所がつくられています。区長は腸チフスが近くの村にまで広がり流行するのを抑える手だてがどうなっているか聞かれたそうです。収容者の数は一五万人から三五万人の間で変動しています。焼却炉付きの強制収容所が一六カ所あることは確かのようです。オーバーシュレジエン（現ポーランド領）にはかなり大きな強制収容所が建設中で、収容者は四万―五万人、毎月四〇〇〇人程度殺害できるそうです。

ナチから逃れ北欧亡命者となったユダヤ系ドイツ人元判事フリッツ・バウアー（一九〇三―六八）は、戦時下にはスウェーデンで反ナチ活動をしていたが、解放直後のマイダネク絶滅収容所の状況を具体的に記している。

ストックホルム当局ではマイダネク強制収容所を〈絶滅収容所〉と呼んでいるが、（当地に亡命している）ドイツ人たちはそれを国立博物館として保存し、ドイツ・ナチズムとは何であったかをはっきり次の世代に示すべきだと主張している。マイダネクは周囲一六マイル、電流を流した有刺鉄線の柵《さく》のなかに二〇〇の木造バラックが建てられている。二〇〇ヤードごとに機関銃を備えた監視塔があり、五〇ヤードごとに夜間の逃亡防止用に強力なサーチライトが設置されている。いわゆるチクロンガスを使用しシャワー室では一度に二〇〇〇人の処理能力があるという。（ソ連軍の進攻により）捕らえられたゲシュタポ監視人や生きのびた収容者の申し立てによると、一九四三年一一月三日には約一万八〇〇〇人が殺害された。ガス殺か銃殺であった。（一九四四年八月三〇日の報告）

ユダヤ人迫害の行きついた大量殺戮という事態は、四三年には国際的にも報じられていた。イギリスBBCなどの外国ラジオ放送などを、反ナチの人びとはすすんで傍受しただろう。また少なくとも、残留ユダヤ人が住まいから連れ去られ東部に移送されると死ぬことは、ドイツ国内でも口にはしないまでも明らかとなっていた。

ベルリンに集中する潜伏ユダヤ人

少数のユダヤ人は強制移送をまぬがれて生きのびるために、家族あるいは夫婦で、また単独で、潜伏し逃亡しようとはかった。もともと彼らの大半は都市生活者であったが、めざした先は大都市とりわけ首都ベルリンである。一九四〇年当時ベルリンは市域も広大で人口は約四三〇万人（約三五〇万人の現在よりもずっと多い）、ヨーロッパ最大の都市の一つであったから、知人もいれば情報も入手でき、匿名で隠れ潜むのに適していた。しかも他の都市、たとえばフランクフルト・アム・マインのばあい、四二年九月からいっせいに強制移送がおこなわれたのにたいして、ベルリンの移送は一〇月以降であったから、数千の強制労働者とその家族は潜伏する時間を稼ぐことができた。《ナチス期ドイツのユダヤ人の救援》研究プロジェクトによると、戦時下のドイツ国内で地下に潜ったユダヤ人は一万五〇〇〇人、そのうち五〇〇〇―七〇〇〇人はベルリンに身を潜めたという。

彼らのなかには、最初は異宗婚により強制移送をまぬがれたユダヤ系ドイツ人（「特権ユダヤ人」と称された）や、非ユダヤ系の親類縁者のもとに身を隠した人びともいた。頼られたほうも、親戚《しんせき》が訪ねてきたとか空襲で焼け出されたとかの口実をもうけ、彼らをかくまった。だがすぐに隣近所に怪しまれ両方の家族の身が危うくなって、よそに隠れ家と援助者を探すほかなかった。逃亡家族も行動しやすくするため、親子別々に生きのびようとした。

縁故もなく、ユダヤ人であることを示すJの印を捺《お》されたパスポートやイスラエル、サラのユダヤ人名を強制された身分証明書の類《たぐ》いを捨てて生きのびるためには、空腹や孤独、死の恐怖に耐え、身の危機に臨機応変に行動する勇気が必要であった。さらに法的保護もなく一切の権利を奪われた彼らには、非合法の世界しかない。すでに防空講習会で家屋ごとの共同組織にたいして地下室の防空壕《ぼうくうごう》にユダヤ人を入れないように指示されていたから、空襲のさなかでも彼らは無防備のままとなり、死亡する人びとも少なくなかった。戦後まで生きのびたシオニスト青年グループの一人イツァーク・シュヴェルゼンツは、自分のとった行動をこう語っている。

私の最後の〈合法的な〉晩となった(一九四二年)八月二七日夜、ベルリンには爆弾が雨あられのように落とされた。だが幸い旅行鞄を運ぶのを手伝ってくれた友人たち共々無事に助かった。翌日午後、グループの親友ダヴィドヴィッチがピッヘルスベルゲの郊外まで私を見送ってくれた。その日の夕方にゲシュタポが逮捕しにやってくるのを逃れてのことだ。私はダビデの星を付けてベルリンをいったん後にし、ハーケンクロイツを付けて舞い戻った。ピッヘルスベルゲの深い森のなかで変身したのだ。上着からダビデの星を剝《は》がし、かねて万一のときのために手に入れていた〈ドイツ労働戦線〉の記章を付けた。夜が明けるとベルリン市内に戻って、ユダヤ人の印がない自由な普通の市民の〈ふりをすること〉に慣れるため、通りをぶらぶらした。

(『第三帝国のなかで生きる――潜伏するユダヤ人と救援者』)

市民による救援

もっとも、どんなに変装しても潜伏者（「潜水艦」と隠語で呼ばれた）が生きるためには、食糧や衣服、隠れ家、仮の各種証明書の類いを用意してくれる援助者、それも複数の援助者が必要であった。怪しまれずに密告やゲシュタポの捜査をかわすためには、一つの隠れ家は数日間、長くても一〇日間程度の滞在にとどめ、救援網も組み替えるなどしなければならなかったから。

これについて先の研究プロジェクトは、一人のユダヤ人を助けるためには最低七人の救援者を要したと想定しているが、二桁《けた》の人数で考えるべきだという指摘もある。後述するコンラート・ラッテのばあい、五〇人もの救援者が挙げられているからである。いずれにしても様々なケースがあったことだろう。

前章に略述したように、ドイツ人市民のなかにはそうした役割をすすんで引き受けた人びとの密《ひそ》かなつながりがあった。つまり、市民の圧倒的多数が、ユダヤ人迫害が強制移送にいたっても、見て見ぬふりをするか囃《はや》したてさえする一方で、同情や大量殺戮にたいする憤り、さらには道義心から手をさしのべ互いに連携した人びとがいた。彼らは、政治的・人種的な被迫害者の庇《ひ》護《ご》や国外移住に助力した確信的なナチ敵対者ほどではないにしても、危険に身を置きながら行動に加わった。

救援はもちろん国外の占領地域でもあった。とくにナチスの人種政策に最後まで抗したデンマークのばあい、官民一体となって強制移送を阻止し国内居住ユダヤ人七〇〇〇―八〇〇〇人を中立国スウェーデンに避難させている（これには一九四三年一〇月、親衛隊の強制移送の計画を警告するモルトケの助力もあった）。また個人的行動として、アムステルダムに逃れたアンネ・フランク一家の二年間の屋根裏生活を支えたヒース夫妻たち（『アンネの日記』を保管し、唯一生き残った父オットーに返したのはミープ・ヒース夫人であった）、ドイツ人実業家オスカー・シンドラー（一九〇八―七四）によるポーランドのクラクフ・ゲットーのユダヤ人強制労働者一二〇〇人の救出、占領下ワルシャワでピアニスト兼作曲家W・シュピールマンやユダヤ系ポーランド人たちを独断でかくまい救ったドイツ国防軍大尉ヴィルム・ホーゼンフェルト（一八九五―一九五二）、さらにリトアニア領事代理杉原《すぎはら》千畝《ちうね》（一九〇〇―八六）のビザ発給によるユダヤ系難民六〇〇〇人の脱出支援などは、映画その他のメディアによって今日ひろく知られる事例である。いずれも戦後、イスラエル国（ヤド・ヴァシェム記念館）より身の危険を冒してユダヤ人を守った「諸国民のなかの正義の人」として顕彰され、あるいは没後にその功績を称《たた》えられている。

処罰の厳格化

ドイツ国内ではどうだったのか。ユダヤ人など人種マイノリティの排除が国策となってからは、支援活動も国家目的に反することとなった。だが人種法制定からポグロムを経て戦時体制になるまで、ユダヤ人にたいする違反罰則は強化されても、ドイツ人による救援については刑法典に記載されることはなかった。その代用として、体制批判を封じるために一九三四年一二月に制定された「悪意法」（「国家と党にたいする悪意ある攻撃を阻止するための法律」）が適用されたが、「悪意ある攻撃」にはどうとでも解釈できる曖昧さがあった。そこで「ユダヤ人救援《ユーデンヒルフェ》」（ゲシュタポ用語であった）は、証拠を調査しなくても起訴できる特別裁判所の事案とされたが、ほとんどが裁判手続きを欠いたゲシュタポや親衛隊保安部（SD）の裁量に委《ゆだ》ねられていた。

2－3　1935年にはすでにユダヤ人に好意的な人びとは、突撃隊員の監視のもと「人種の恥」として晒し者にされた

　だが開戦後、ゲシュタポなど政治警察の司令塔となった親衛隊傘下の国家保安本部（RSHA）が、ドイツ人にたいして「ユダヤ人に公然と好意的態度をとることに最高三カ月間の拘禁を科す」（四一年一〇月二四日の回章《かいしょう》）と決定するにおよんで、ユダヤ人救援の処罰も一変した。ナチ体制打

倒などの政治的動機がないばあいに限って、東部占領地区と異なりドイツ国内では死罪は科されなかったというが、それでもつぎのような例がある。

一九四二年強制移送の直前、地方都市ヴィースバーデンで食糧分配を極度に削られ、飢えに苦しむ旧知のユダヤ人の窮状を見かねて、五八歳の未亡人女性が食糧を分け与えた。ゲシュタポの尋問で「ユダヤ人との交友」がとがめられ、同年六月二〇日留置場に拘留後、九月九日ラーヴェンスブリュック女子強制収容所に移送され三カ月後に釈放された。拘禁理由は「民族共同体からユダヤ人を排除する政府の措置を妨害したこと」とされている。

（『地下にひそんで生きのびる――ドイツのユダヤ人救援』）

強制移送を妨害する意図のない些細《ささい》な援助にたいしても、このように処罰は重い。ユダヤ人を自宅に泊めるという行動になると、さらにきびしい処罰が待ち受けている。つぎのような事例がある。

ベルリンの男子機械工が一九四三年、ブレスラウから逃れてきた男児女児二人連れのユダヤ人女性を一時的に自宅にかくまったが、密告された。四三年一二月はじめ二人のゲシュタポ職員が彼の職場にやってきて彼を逮捕した。最初に彼は市内ハンブルク大通りの集合収容所で取り調べをうけたあと、ベルリン・モアビット刑務所に拘留された。四四年四月特別裁判所から一年六カ月の禁固刑を言い渡され、さらに兵役不適格者と認定された。だが無条件降伏目前の四五年四月一九日ルカウ刑務所で服役途中に武装親衛隊に編入され、ソ連赤軍からベルリンを防衛するための兵士に廻《まわ》された。

（同書）

いずれにしてもユダヤ人救援が露見したときには、事情の如何《いかん》を問わずゲシュタポの尋問による脅しや科料に加え、特別裁判所から「人種の恥」の烙印《らくいん》を押され、その建物の前に立たされ晒《さら》し者《もの》となった。つまり〈国民同胞〉から排除され社会的に孤立した境遇になるのはまぬがれなかった。当のユダヤ人はもちろん生きのびる希望を一切断たれることになる。

密告される救援者

だが、ナチ当局の取り締まりが強化されたことで、救援活動が抑えこまれたわけではない。潜伏し戦後に生きのびたユダヤ人の概数はベルリンで一四〇〇人以上、ドイツ全土で五〇〇〇人と見積もられ、救援に関わった人びとはそれをはるかに超えていたからである。

《ナチス期ドイツのユダヤ人の救援》研究プロジェクトによると、救援活動にはあらゆる階層の人びと、老若男女、小市民、酒場界隈《かいわい》の住人、修道院関係者、労働者、企業家、さらにはナチ党員さえ関与し、その三分の二が女性であったとされている。また救援に失敗しゲシュタポに逮捕された一五〇〇人の事例を検証すると、それらは政治的抵抗とは無関係な「ユダヤ人にたいする連帯行動(同胞として援助すること)」であったこと、逮捕のすべてに密告の影があること、などが明らかにされている。

ここでナチ体制を特徴づける密告について説明しておこう。ドイツ領全土(一九三八年三月オーストリアが合邦された)にゲシュタポ職員のほかに最大二〇〇〇万人におよぶナチ党地区班長や隣組の組長が配置され、監視網がつくられていた。これを一般住民が警察の目となり耳となって補うのが、密告の制度である。したがって密告とは、体制の傍観者ではなく、体制を支持し協力する者の行動である。ゲシュタポの活動もその情報に負うところが大きかったし、ナチ支配体制も積極的に住民が下からおこなう密告に支えられていた。

この密告は研究調査によると住民同士、隣近所、職場のほか、友人、知人、夫婦や親子の間にもみられ、「体制の敵」を内報するという建前の裏に、私怨《しえん》や利害、蹴落《けお》としなど個人的動機をふくんだものが多かった。夫婦のばあいには、係争中の離婚を自分に有利にすすめるためのものもあったという。

だから、ユダヤ人の救援がすべて密告によって脅かされていたという右の事例から、反ユダヤ主義がナチ社会に浸透していたばかりか、人びとの人道的行動にたいする正常な感覚までも著しく衰えていたことがわかる。戦後になって声高に主張されるようになった、自分たちはホロコーストについては知らなかったとか、ナチのテロルの激しさを前にして何もできなかったという弁明が、何ともむなしく響く。

そのように密告が蔓延《まんえん》するなかで、救援がなされたということである。なかには、救援者が最初から割り切って、逃亡ユダヤ人が肌身離さず隠し持った金品を要求するとか、対価として自分の仕事を預け労働させる、さらには潜伏の礼金を後々ローンで請求したというあきれた例もある。自分も危険を背負っていることへの報酬だというのだろう。もちろんそうした事例を圧倒して、対価を求めず受けとらず無償で被迫害者たちの身に寄り添う人びとがいる。そうした人びとに本書は光を当てている。

では彼らは実際にどんな人びとであったのだろう。研究プロジェクトで名前が確認された男女の救援者は三〇〇〇人、実数はそれをはるかに凌《しの》ぐはずだが不明である。当事者たちが黙して語らなかったからである。

救援者たちのなかには、まず確信的な反ナチ抵抗市民がいる。つぎにポグロムをきっかけにグループをつくり、彼らと連携協力してユダヤ人を救援した人びとがいる。さらに、政治的ではなくごく普通の男女の市民のうち、見るに堪えない不法を前にして「何かをしなければいけない」という思いから、やむなく救援行動におよんだ人びともいる。この人びとは前二者の人びととも協力しあうばあいもあり、なかにはそのために逮捕拘禁され仕事を失った者もいた。だが総じて彼らは戦後になっても、行動と結果を自己の心の内にとどめ、他人に語ろうとはしなかった。自分たちの行動を他人がどうみるかは問題ではなかったのだろう。さらに推測すれば、彼らには、救えなかった人びとのあまりの数の多さにくらべ、自分のしたことが些細なことのように思えたため、戦後になっても沈黙をつづけたのかもしれない。

戦後に生きのびた政治的な抵抗者・抵抗市民たちが、「裏切り者」として冷たい目にさらされ経済的に苦しむ遺族とともに、自分たちの行動の意義を世に問うたのにたいして、ユダヤ人救援者たちの多くは沈黙しつづけた。彼らが「沈黙の勇者たち」(E・ジルバー)と称されるゆえんである。

だが、事の詳細を語り、知りえたかぎりの救援者の名前を挙げたのが、救われたユダヤ人の人びとである。生きのびた彼らの脳裏に刻まれたのは、危険を承知で行動した人びとであったろうから。その結果が右の三〇〇〇人という数字である。ちなみに戦後ベルリン市民として「諸国民のなかの正義の人」に顕彰された人びとは三〇〇人である。

教会の救援活動

教会によるユダヤ人の救援活動は、プロテスタントのばあい、告白教会が中心になって確信的な反ナチ市民と信徒がそれを支えてきた。とくに一九三八年九月には、迫害されるユダヤ人、なかでも改宗ユダヤ人の移住を支援する教会の組織として、ベルリンの牧師H・グリューバー（一八九一―一九七五、四〇―四三年ザクセンハウゼン、ダッハウ強制収容所、病気により釈放）の指揮する「グリューバー事務所」が設立されている。その活動は国外移住策をナチ当局がとっていたときは承認されたが、ゲットー送りが本格化した四〇年一二月になると禁圧され、グリューバーはじめ教会職員たちは強制収容所送りとなった。そうしたなかにあ

2－4　牧師マルチン・ニーメラー。第1次世界大戦のときには潜水艦の艦長であり、ワイマル共和国には敵対した。だがナチスの均制化には断固反対し、1945年まで「総統の個人的囚人」としてザクセンハウゼン、ダッハウ強制収容所に拘禁された。後述のヒトラー爆殺未遂犯ゲオルク・エルザーに会うことはなかったが、同時期2人は両強制収容所の特別独房棟にいた

っても、すでに三七年に逮捕拘禁された告白教会指導者マルチン・ニーメラー（一八九二―一九八四、三七―四五年強制収容所）およびその後任ゴルヴィッツァー（四〇年には東部戦線に看護兵として応召）が牧師をしていたベルリン・ダーレムの聖アンナ教会が拠点になり、救援活動が密かにつづけられている。

ベルリン・テーゲル刑務所の牧師ハラルト・ペルヒャウ（一九〇三―七二）は、そうした状況のなかで終始救援に関わった人物だが、彼については後述しよう。

ドイツ・カトリック教会の側にも、フライブルクのグレーバー大司教の意をうけて行動した確信的な平和主義者でカトリック福祉協会の女子職員ゲルトルート・ルックナー（一九〇〇―一九五、四三―四五年ラーヴェンスブリュック女子強制収容所）がいる。グレーバー大司教はミュンスターのガーレン司教とともに、「生きるに値しない生命」として総数二〇万人におよんだ心身障害者の抹殺＝安楽死作戦（「T4作戦」といわれる）に断固として反対し、抗議した人物である。その大司教の支援のもと、ルックナーは四一年一二月からユダヤ人カトリック教徒の救援、彼らの乳飲み子や幼児のためのドイツ人信徒の里親探しに奔走していた。さらに彼女は告白教会のグループとも連携して、宗派や信仰を越えてユダヤ人一般を救うネットワークづくりをすすめている。そのためスイス国境越えの逃亡、強制移送用の貨物列車の妨害、安全な潜伏場所の確保などに命を賭《と》している。四三年三月密告により政治犯として逮捕拘禁のうえ重労働を科されたが、終戦のおかげで救出され、辛くも死をまぬがれている。

《ローテ・カペレ》

このような教会および関係者の活動以外にも、多様なグループの救援活動がある。そのなかでも最大のグループに、思想信条はキリスト者からマルキストまで、職業も夜間ギムナジウム生徒、家政婦、医師など多様で、年齢も一〇代後半から八〇歳代までの市民層一五〇人以上（女性が四割）からなる《ローテ・カペレ（赤い楽団）》（ゲシュタポが命名した）がある。このグループは戦後冷戦期をつうじてソ連のスパイ網として解釈されてきたが、近年ようやく、ベルリンを中心に行動した、自由を抑圧するナチズムへの怒りを共有し、定期的な会合などをもたない小グループの緩やかな連合体であったこと、《クライザウ・サークル》の人びとともコンタクトをとる反ナチ市民のネットワークであったことが明らかにされている。

このグループにとっても、ユダヤ人や政治的な被迫害者、さらに東部地域からの逃亡兵の救援は、ナチ国家の犯罪やプロパガンダの嘘《うそ》を暴露して国民に不服従を訴えるビラの配布とならぶ、主たる活動となっていた。だが航空省情報部職員ハロ・シュルツェ＝ボイゼン（一九〇九―四二、刑死）、経済学者兼経済省参事官アルヴィド・ハルナック（一九〇一―四二、刑死）ら主要メンバーが、社会主義的理想からソ連の機関と無線で情報連絡をはかったことが命取りになった。一九四二年九月から翌四三年六月にかけて秘密裡に一三〇人が逮捕され（うち四人は自殺）、四九人（うち一九人女性）が死刑、その他の人びとも重刑に処され、グループ全体が壊滅した。ヒトラーが軍事裁判の判決が手ぬるいと批判し、厳罰を指示した結果である。

そのなかでも悲惨なのは、潜伏ユダヤ人を救援しながら、安楽死作戦を「殺人」と抗議す

2－5　プレッツェンゼー処刑場（現在は博物館）とその内部。当時、鉄の梁に据えた屠畜用の鉤5組のほかに、断頭台も置かれていた

るガーレン司教の説教文書（四一年七月と八月の文書）を、日夜タイプを打って複写し配布活動に奔走したマリー・テルヴィール（一九一〇―四三、刑死）である。彼女は人種法で「二分の一ユダヤ人」（祖父母の二人がユダヤ人・非ユダヤ教徒でユダヤ人と結婚していない）に認定され、法律家の道を閉ざされた敬虔《けいけん》なカトリック教徒であった。マリーは結婚を禁じられた事実上の夫、歯科医ヘルムート・ヒンペル（一九〇七―四三、刑死）とともに「国家反逆準備・利敵行為」のかどで、プレッツェンゼー刑務所でヒンペルの断首刑の三カ月後に、同様に処刑された。それで終わらない。遺族には処刑通知の郵便料をふくめ死刑執行の諸費用が請求された（国家反逆罪による処刑費用の請求はナチ期の通例である）。こうした仕打ちは、何ともすさまじいというほかない。

ニッケル夫人の勇気

このようにきびしく断罪された政治的抵抗のグループとは別に、一人の主婦のとった勇気ある行動の事例がある。

敬虔なカトリック教徒マリア・ニッケルはベルリン・クロイツベルクに住む主婦であった。夫は自動車機械工で二人の息子がいる。ナチ政権になって激しくなるユダヤ人住民の迫害に彼女はショックをうけていたが、一九四二年秋、ユダヤ人に東部地域でおそろしい運命が待ち受けていることを確信し、彼らのうち一人だけでも助けようと決心した。彼女にはユダヤ人の知り合いがいなかったため、近所に住む女性ユダヤ人強制労働者たちをみていたところ、彼らのなかの一人が身ごもっていることを知った。ニッケル夫人はある日彼女を作業所に訪ねて、援助を申し出た。女性はルート・アブラハムという名だったが、しばらくためらったのち、彼女を信頼して申し出をうけた。ニッケル夫人は身重のルートとその夫ヴァルターの住まいに食料品を運び、翌四三年一月出産するのを助けた。強制移送が迫ったとき、アブラハム一家は彼女に偽の身分証明書類を用立ててくれるように願った。潜伏しようとしたからである。ニッケル夫人は自分の郵便証明書（郵便局窓口で局留めの郵便その他を受領する資格証明書）をルート・アブラハムの写真に貼り替えたものにし、ヴァルターには夫の運転免許証を与えた。いずれも改ざんしたものである。アブラハム一家はその後しばらくして身元の検査をうけたが、証明書類のおかげで逮捕されずにすんだ。だがその証明書類はゲシュタポの手でもう一度調べられるという事態になった。その間にルートは夫と乳飲み子と一緒に無事に逃げおおせたが、彼女はニッケル夫人に電話で事の次第を伝えた。その後ゲシュタポからニッケル夫人に出頭命令があり尋問されたが、彼女は証明書類は盗まれたのだと強く主張し、無事言い逃れることができた。

（『市民的勇気を学ぶ』）

ニッケル夫人は勇気をもって行動し、家族と信頼できる人びとが協力することによってはじめて事をなしえたのだが、彼女は戦後名乗り出ることをしなかった。他の救援に関わった市民と同様に、その行動が何よりも自己の良心にもとづく事柄であって、他人に誇るべきものとは考えなかったからだろう。生きのびたアブラハム一家はマリア・ニッケル夫人と親交を深め、四八年一家がニューヨークへ移住後も、マリアとルートは生涯の友となったという。

これまでみてきたように、ユダヤ人救援はナチ期に生きるドイツ人市民の反ナチ行動を代表するものである。これをポグロム開始の一九三八年から終戦の四五年まで時系列で記した当事者の記録がある。市民による救援グループ《エミールおじさん》の活動の内幕を、日記体で赤裸々に記したルート・アンドレアス＝フリードリヒ『影の男――一九三八年から一九四五年までの日記』（邦訳『ベルリン地下組織――反ナチ地下抵抗運動の記録』。以下『日記』と略記し引用は基本として邦訳による）である。著者ルート・アンドレアスの一人娘カーリン・フリードリヒの回想によりながら、活動の実際をみてみよう。

2 救援グループ《エミールおじさん》

ルート・アンドレアスとレーオ・ボルヒャルト

まず『日記』の執筆者でグループを立ち上げたルート・アンドレアス＝フリードリヒの略歴を記す。一九〇一年九月ベルリン生まれ。マグデブルクの女学校卒業後、ブレスラウの女子専門学校に学び、二二年社会福祉士の資格を取得。二二―二三年ブレスラウの書店で書籍販売の見習いをし、その後ベルリンに移住。二四年、実業家オットー・A・フリードリヒと結婚、翌二五年二月長女カーリン・フリードリヒ誕生。三〇年に離婚。このころよりフリージャーナリストとして『バーデン州新報』（三四年に発禁処分）と『ケーニヒスベルク日報』で読書欄、文芸欄を担当し、その他多くの女性誌や画報に寄稿。開戦以降『日報』の投書欄を担当する傍ら記事の編集にたずさわる。同紙にはナチ党員が配置され、ナチ批判の記事は一切掲載されていない。三一年モスクワ生まれのドイツ人指揮者レーオ・ボルヒャルト（一八九九―一九四五）を知り、彼の不慮の死まで伴侶《はんりょ》である。

右のルート、夫レーオそれに娘カーリンの三人が最後までグループの中枢メンバーとなった。カーリンによると、母はヒトラーブームの始まった一九三一年、『わが闘争』を読んで、これから起こる事態を予感したという。祖父母は多くのユダヤ系ドイツ人たちと親交があった。二〇年代初頭の経済危機のさなか、難儀していた一家を支援したのも彼らであった。こうしたなかで母娘ともに幼少時代からユダヤ系の知人や友人に囲まれて育ってきており、最初から彼らに助力しようという覚悟があった。

ナチ政権誕生後の三四年四月、ハーケンクロイツの旗のかかげられたカーリンが通う校舎に「ユダヤ人くたばれ！」の印刷ビラが散らかっていた。それを母に告げると、母は意を決したようにいった。「いまあなたに打ち明けねばならないわね。私たちの秘密よ。ヒトラーには我慢できないわ。彼は私たちの友だちにひどい男なのよ」。九歳になったばかりであったが、カーリンは母のいわんとすることをすぐに理解した。

2－6　ルート・アンドレアスとレーオ・ボルヒャルト（1930年代中葉）

一方、三三年一月ベルリン・フィルハーモニー管弦楽団の指揮者に就いたレーオ・ボルヒャルトも、師事した指揮者オットー・クレンペラーや親交を結ぶライプツィヒ市の誇る指揮者ブルーノ・ワルターがユダヤ系のために亡命を余儀なくされたあと、三五年にはユダヤ人を依怙《えこ》贔屓《ひいき》する好ましからざる人物として同楽団を追われ、国内での演奏活動も禁じられていた（ただし外国からの要請のあるときには客演の許可が下りた）。彼も断固たるナチ敵対者であった。だからルートとレーオはその気さえあれば、ヒトラーのドイツを去ることもできた。だがそうしなかった。ルートによると「世界が提供してくれるごくわずかな亡命のチャンスを自分のために要求するなど、責任上できないことだと信じていた」からだという。

三三年以降、母娘の友人知人の多くが国外移住の道を選びドイツを去っていったが、それでも三八年一一月九日深夜に始まったポグロムのときには、ベルリン市南西部シュテグリッツの住まい（集合住宅の一角）に、夫を拘引されたりした一〇人以上のユダヤ人の友人知人が避難している。そうした人びとのなかに彼女がカーリンの代父とも仰ぐユダヤ系の著述家ハインリヒ・ミューザムと老母パウラ・ミューザムがいた。二人はルートが移住を再三すすめても故郷ベルリンにとどまり、運命にまかせようとした（結局ミューザム一家は四二年七月強制移送され、母はテレージエンシュタット強制収容所で、ハインリヒはアウシュヴィッツで殺された）。

グループの誕生

この大迫害事件をきっかけに、ルートはレーオと語らい、迫害されるユダヤ人たちを救う手だてを考える集まりを立ち上げた。また行動の記録として『日記』も書いている（登場人物は用心のため偽名にしている）。参加した人びとは二人をのぞいて以下のとおり。

フリッツ・フォン・ベルクマン夫妻（薬理学者と医師）、ギュンター・ブラント（元地裁判事）、ヴァルター・ライマン夫妻（菓子店経営）、エーリヒ・ケルバー（労働者。一九三三年から地下に潜伏）、ズザンネ・ジモニス（ルートの同僚・編集記者、のちに外務省勤務）、ハンス・ペータース（ベルリン大学公法教授）。

2－7　ハンス・ペータース（ケルン大学教授時代）

その後さらにヴァルター・ザイツ（ベルリン大学付属病院医師。別名の「エミールおじさん」は、のちにグループ全体をさす隠語となった）、ヘルマン・フェーリンク夫妻（建築家とジャーナリスト）、ヴァルター・ゾイネルト（点火器製造業者）の四人が加わっている。女優志望の演劇学校の生徒カーリンは、一九四〇年一五歳のときから彼らの小さな仲間であった。

このように「救援の輪」として立ち上がったグループは当初一五人、職業も多様な市民から構成されている。彼らはヒトラーとナチズムに心底反対する立場から、被迫害者を救援し生きのびさせるために無償で行動することを誓った。カーリンによると、ブレスラウ時代のルートはハンス・ペータース（一八九六―一九六六）が同地の大学講師のころからの友人であった。ペータースはベルリン大学に転出したあと、彼女の呼びかけに応じたという。また彼の講師時代の聴講生モルトケの誘いで、同時期に結成された《クライザウ・サークル》の主要メンバーでもあった。ベルリン・シャルロッテンブルクにあるハンス・ペータースの住居は、しばしば《エミールおじさん》グループ（当初は「クリック〔仲間〕」といっていた）の会合場所となっていた。

グループの活動期間は三八年一一月から四五年五月まで、戦争全期間をふくむ六年半におよぶ。メンバー構成も変わり、活動の範囲も拡大した。潜伏ユダヤ人だけではなく、のちには東部戦線からの脱走兵をかくまうなどの活動も必要となり、新たなメンバー、協力者の数も増えていった。四三年九月からは潜伏ユダヤ人とグループとの仲介者、協力者として、先に名前を挙げたハラルト・ペルヒャウが加わっている。さらに救援されたユダヤ人のなかには、すすんでグループの協力者となる人びともいた。

一方で、空襲で死亡しあるいはゲシュタポに逮捕・拘禁されたメンバー、脱走して潜伏した混血ユダヤ人のメンバー、逮捕の危険を察して潜伏したメンバーもいる。

こうした事情に加えて、情報漏れをふせぐために極力秘密を少数者にとどめたこともあって、グループの救援ネットワークの詳細や具体的な姿は不明である。ただし終戦後ソ連占領当局に提出された『戦争末期のグループ〈エミールおじさん〉の活動報告』（四五年五月一四日付）には、中心メンバーがルート、カーリンの母娘とレーオ、ヴァルター・ザイツ、ヨーゼフ・シュンク（医師。途中から参加）、それにフレッド・デンガー（ジャーナリスト。途中から参加）の六人、積極的協力者としてハンス・ペータース、ハラルト・ペルヒャウのほか九人が記されており、あわせて一七人のグループとなっている。当然ながら、彼らを支える市民たちも相当数いたはずである。

ではグループの活動はどのようなものであったのだろう。

最初のユダヤ人救援

グループの最初の行動は、国外移住するユダヤ人の資産の国外持ち出しの援助であった。その内容はこうである。

一九四一年九月までユダヤ人の移住は禁じられてはいなかったが、それでも現金は一〇マルクまで、所持品のうち高価なものは持ち出し禁止など、きびしい制限がつけられていた。いわば身ぐるみはがされ追放されるということだ。それだと外国での新生活を築くことはとうていできないが、違反すると強制収容所行きか、さらに重刑を科された。そのために彼らに負わせられない危険を肩代わりし、ドイツ人救援者が旅行者となって移住する国々に金品を運んだわけである。

たとえばルートやズザンネ・ジモニスなど女性たちは、装身具をいっぱい身につけ高級な毛皮のコートを着込み、ドル紙幣を化粧用コンパクトに詰め込み、ダイヤモンドを練り歯磨きチューブに入れ、稀覯本《きこうぼん》をトランクに詰めるなどして、スイス、イタリア、スウェーデン、フランスなどへ旅行した。外国での客演がしばしばあったレーオは、数着の注文服、高級時計、金のネクタイピンや宝石類を持ち出しては移住者たちに手渡し、帰りに彼らに依頼された品々のリスト（そのなかには故郷ドイツ固有の食べ物など郷愁に駆られた要望もあった）を手に帰国した。レーオと一緒にルートもその要望に応えてスウェーデンなどに旅行している。いずれにしても、それが彼らにとっても危険な行動であることに変わりはない。ルートいわく、「国境の検査を終えるとホッとしたわ」。

だがこうした活動も戦時体制が敷かれる以前のことである。三九年八月にはメンバーのハンス・ペータースが召集された（大学教授は予備軍＝国内軍の大尉の地位を与えられた）。ドイツ全土に食糧配給制が実施され、九月一日の開戦と同時に灯火管制義務、防空義務、外国放送の傍聴禁止が指示された。

ナチ当局は残留ユダヤ人を「敵の第五列」（ドイツ国内の敵方のスパイ）であると国民にさかんにデマ情報をとばし敵愾心を煽って、彼らへの迫害を強めていった。食糧配給の極端な制限に始まりゲットーへの移送もおこなわれていく。こうした状況のなかでユダヤ人救援活動もかたちを変えていった。

戦時下のユダヤ人救援

開戦からの二年間はグループにとって「まったく絶望的な」時期であったと、カーリンは回想している。国民はドイツ軍が破竹の勢いでデンマーク、ノルウェー、オランダ、ベルギーを撃破し、パリをも開城させ、さらにソ連に侵攻するなど連戦連勝の戦況に酔いしれ、ヒトラーを熱狂的に支持していた。そうしたなかでベルリンの空軍司令部に配属されたハンス・ペータースからは、東部での特別行動隊の無差別殺戮をはじめ、ゲットーのおぞましい情報がグループに伝えられていた。

グループ最大の懸念は、ドイツ軍の勝利がヒトラー独裁制の勝利となり、ホロコーストを完遂させるということである。一九四一年一二月、ドイツとイタリアがアメリカに宣戦布告したことで、ようやくそうした最悪の事態の転機が期待できた。だがそのことは自国の敗北を願うこと、ヒトラー支配を支えるドイツ人隣人同胞とは真逆の立場に立つこと、さらに彼らに自分たちが第五列とみなされることでもあった。これを彼らはどのように考えていたのだろう。四二年八月一日の『日記』から引いてみよう。

「奇妙な愛国者だよな、われわれは」とヒンリクス（ハンス・ペータース）がいう。「もしわれわれがこんなふうに話しているのを聞かれたら、ほとんど正反対の売国奴だと思われるかもしれないぜ」―「多くの人はそう思っているさ」、フラム（ギュンター・ブラント）が応じる。「ただ彼らは間違った立場から出発しているだけだ」―「それでひょっとしてわれわれの立場のほうが間違っているとしたら……?」フラムは激しくかぶりを振る。「間違ってなんかいない。たとえそう見えたとしてもだ。ヒトラーのために戦っているやつらはみんな、ドイツの破滅のために働いているんだ」―「では祖国の防衛は？　いわゆる愛国精神はどうなんだい?」―「今回は乗る馬を間違えたんだよ。問題になっているのは祖国なんかじゃない。ヒトラーの野心なんだ」

グループの人びとは、戦場で死傷する隣人同胞とその家族の悲しみを思い葛藤《かっとう》に苛《さいな》まれながらも、ドイツの敗戦によってはじめてナチ支配が終わりホロコーストも止められるという認識で一致していた。彼らは苦悩しながら行動するほかなかった。右に引いた会話にはそうした苦しい心中がみてとれる。

ところで、強制移送の開始にともない潜伏しようとする残留ユダヤ人も日々増していた。すでにグループでは、住居を没収されて狭い場所に押し込まれ、食糧分配も制限された、彼らの知人友人をふくめる老齢の男性一四人、女性二二人の食糧支援をおこなっていた。そのために自分に必要な分からやりくりして食糧券を集めていた。とくに効率よく行動したのがメンバーの菓子店主ヴァルター・ライマン夫妻や、食材を納入してくれる人びとであった。さらに点火器製造業者ヴァルター・ゾイネルトのほか、グループの活動を知らない人びとまでもが協力したという。だが救援していた残留ユダヤ人たちは次々に連れ去られ、強制移送されていった。そのなかにはルートやカーリンがずっと親しくしていたローゼンタール夫人もいた。アウシュヴィッツへ移送される途中で母娘に書き送ったはがきが痛々しい――「私は泣いています、泣いています、……私のことを思ってね」。

救援活動の本格化

潜伏者たちを救う活動が本格化していく一方で、グループは従来のようなかたちでは役割を果たせなくなっていた。ヴァルター・ザイツの提案で、グループを拡大し、ベルリンのどの地区にも「無条件に信頼できる、誓いをたてた同盟者」を配置すること、「各自に役割を適切に割り当てること」になった。つまり救援のネットワークづくりである。それをグループは「救援の輪同盟」と名づけている。潜伏者の面倒をみるために必要な事項もリストアップされた。長期短期の宿泊場所、医薬品、証明書、処方箋《しょほうせん》、往診、潜伏者とのコンタクト、偽造の文書などである。

もちろん彼らは日々危険に身をさらされていた。ルート自身、「ごく単純な救助活動さえどれほど困難なばあいがあるか、実際にした者でなければ想像できない」と記している。これについては、つぎのような予想外の事例があった。

一九四四年一月ギュンター・ブラントのところに、一人のブレスラウ出身のユダヤ人少女が難民として送られてきた。当時シュレジエンの補助病院の医療にかり出されていた医師のヴァルター・ザイツからの依頼で、彼女がフランクフルトへ行く途中一晩泊めてほしいという。ところが少女は翌朝猩紅熱《しょうこうねつ》で寝込んでしまった。猩紅熱は当時、重篤な病気で少なくとも六週間の隔離、投薬、医師の診療が必要であった。ベルクマンの妻の医師クリストルがその役を引き受け、ギュンター・ブラントが看護した。問題はその後の消毒を人知れずおこなうことである。一九三三年以降地下に潜った労働者エーリヒ・ケルバーが、信頼できる共産主義者の屋内消毒員を見つけて、住まいを消毒してもらうことができた。難民の少女は無事回復してフランクフルトへ旅立ち、生きのびた。
（『第三帝国のなかで生きる——潜伏するユダヤ人と救援者』）

すでに四三年一一月後半には絨毯《じゅうたん》爆撃でベルリン市街の半分以上が破壊され、数千人の民間人の死者も出ていた。ルートたちの住居も半分破壊されてしまい、かくまう場所も食糧の確保も難しくなっていた。増えつづける潜伏者の救援にも条件をつけ、「生命の危険が目前に迫っている者」を優先させるほかなかった。そうしたなかで彼らを扶養しなければならないのである。仲間が連日の空襲で交通が途絶しているなか瓦礫《がれき》と火事をつきぬけて、潜伏者たちのために野菜を運んでくるとか、くすねたパンの配給券をもってくるのを、互いに祝い喜びあうのを常とした。

2－8　1942年以降には、ドイツの大都市は絨毯爆撃にさらされ、廃墟と化した（1942年）

食糧券だけではない。印章を盗んだり偽造文書の作成、承認書や証明書の不正入手をするなどは、日常的な事柄になっていた。もともと救援活動は非合法の地下活動であるとはいっても、こうした行動を彼らはどのように考えていたのか。中心メンバーたちの会話を引こう。

私たちが仕事を終えてほっと息をつきながら部屋で座っているとき、ファービアン（フレッド・デンガー）がいう、「犯罪者だという意識なしに犯罪者であることができるなんて、奇妙なものだ。ぼくの良心は一点の曇りもないよ」―「ぼくもさ」とフランク（ヴァルター・ザイツ）が応じる。「ナチの連中を騙《だま》すのは騙すことのうちに入らないよ。ただね、守るべき一線は守らなくちゃいけない」―「一線だって？」―「そう、道徳にかなうか反するかの境にあるきわどい稜線《りょうせん》だ。もしそこで足をすべらせてしまうと……」（中略）「ほんのわずかでも利己的なことを考えたら――ほんのわずかでも自分自身の利益を得ようものなら――、われわれはもはや反ナチのパイオニアではなくヤミ屋だよ」「ただ純粋な目的だけが、純粋でないやり方を気高いものにするのだ」

（『日記』）

これをどう読みとるだろうか。限界状況のなかで罪のない人びとを救うためには特殊なかたちをとっておこなわざるをえなかったにしても、少なくとも彼らが自己を見つめ真摯であったこと、道徳的な誠実さを保ちつづけていたことはみてとれる。

牧師ハラルト・ペルヒャウ

右のようなグループの救援活動に関連して、ここで述べておきたい二人の人物がいる。一人は「ドクター・テーゲル」の隠語でベルリンの逃亡ユダヤ人を引きつける「磁場」となっていたペルヒャウ、もう一人は彼を介してグループに救援され生きのびた音楽家コンラート・ラッテ（一九二二―二〇〇五）である。

2－9　ベルリン・テーゲル刑務所牧師時代のハラルト・ペルヒャウ

ペルヒャウには、牧師という本務のほかに二つの顔がある。一つは《クライザウ・サークル》の一員として、もう一つは《エミールおじさん》の積極的な協力者としての顔である。ペルヒャウはフランクフルト大学の著名な神学者パウル・ティリッヒのもとで哲学博士号を取得後、彼の助手を経て、恩

2−10　ディートリヒ・ボンヘッファー。ヘフテンとは少年時代からの親友であり、同時に堅信礼（幼児洗礼を受けた者が信仰告白をして教会の正会員となる儀式）を受けた間柄である

師のアメリカ亡命を機にベルリン・テーゲル刑務所の牧師となった人物である。彼も人種主義をかかげるナチ思想を拒否していたから、ユダヤ人問題を教会の最重要課題とみる若き神学者兼牧師ディートリヒ・ボンヘッファー（一九〇六―四五、刑死）に共鳴し、告白教会の拠点ベルリン・ダーレム教会を密かに支援していた。その後、ボンヘッファーと昵懇《じっこん》のハンス＝ベルント・フォン・ヘフテンをつうじて、ペルヒャウは結成まもない《クライザウ・サークル》の一員となった。

すでにみてきたように、告白教会は迫害されるユダヤ人の最後の避難所であったが、ペルヒャウ自身も彼らの救援をすすんで引き受けていた。彼はワンダーフォーゲルで知り会った妻ドロテー（図書館司書）と一人息子ハラルトの三人家族である。彼は妻と一緒になって、モルトケからクライザウの農地の産物など食糧支援をうけては地下室に貯《たくわ》え、潜伏ユダヤ人に提供し、さらに宿泊させていた。妻ドロテーが一度も反対せず無条件に政治的な被迫害者や受刑した人びとの受け入れに協力したと、ペルヒャウは感謝をこめて記している。

この間、ペルヒャウは精神分析に強い関心をいだいていたことから、その専門医ヨーン・リットマイスター（一八九八―一九四三、刑死）と親交を結ぶが、最後に彼と会ったのは一九四三年五月プレッツェンゼーでのリットマイスター処刑のときである。《ローテ・カペレ》のなかの小グループの首謀者として彼が処刑されたからである。これを機にペルヒャウは自ら申請し、処刑されるメンバーたちの牧会《ぼっかい》（魂を慰め導くこと）をつとめている。三四年以来この職にあった彼の語るところによると、それは、死にゆく人と最後の夜を、傍らに静かに座りつづけるか、（大抵は）相手の希望で語りあうなどしてともに過ごし、翌日の処刑の場にも立ち会うという過酷な職務である。文字どおり、死に寄り添うのである。彼がダーレム教会に助けを求めてきたコンラート・ラッテを知ったのは、こうした日々の仕事に勤《いそ》しんでいたときのことである。

コンラート・ラッテが《エミールおじさん》を頼ってきたことをきっかけに、その後ペルヒャウとグループとの救援活動が生まれることになった。四三年一〇月一日、はじめて対面した彼らはすぐに「説明抜きで理解しあえる仲間」となった。彼らの間でただちに潜伏者の紹介、配給券の交換、身分証明書の案づくり、隠れ家探しがおこなわれ、とくにペルヒャウからは潜伏者のための働き口が紹介されている。

ペルヒャウは翌年には《クライザウ・サークル》の同志たちの死に寄り添い、さらに家族の支援にもつとめている(ただし彼らは処刑直前に移送されたため、最期の夜をともに過ごしてはいない)。ちょうど彼も参加する、グループ内の「教育と教会問題」部会の総括者で敬愛するアドルフ・ライヒヴァインがプレッツェンゼーで処刑された四四年一〇月二〇日、ルート・アンドレアスは『日記』に、書いている。

ドクター・テーゲル(ペルヒャウ)は、容易ならぬショックをうけた様子をしている。ほとんど毎日、自分が尊重し、あるいは愛している人間に付き添って処刑台に行かねばならないということ、これは一人で耐えられる限度を超す苦痛である。彼がこの苦痛を背負いながら、なおも分別を失うことなく、わずかでも自由な時間があればそれを利用して、有罪判決をうけた者の妻たちの世話をし、彼女たちと獄中の夫たちの連絡をとってやり、潜伏中の人びとを助け、また追われる者を保護してやっていること、これこそが、私たちがこの人物をほとんど聖者のように尊敬して仰ぎ見るゆえんなのだ。

潜伏者コンラート・ラッテ

もう一人のコンラート・ラッテは、『日記』にはコンラート・バウアーの偽名で登場している。だが、彼は戦後も実名を挙げられるのを拒み、非合法に生きのびた自分の過去について沈黙しつづけた。《エミールおじさん》の仲間に愛され、ときには協力者となったコンラートではあったが、その時代を思い出すことはあまりに苦しく悲しかった。そうした彼がはじめて自分の体験を語ったのは、ベルリン・バロック・オーケストラの創設者として名を成した晩年七七歳のときのことである。ホロコーストから逃れようとする自分を救ってくれた、ほとんど名もなく賞賛されることもなかった人びとの記念碑を建てたいという感謝の思いからだという。

一九四三年九月七日、彼はグループの前に「礼儀正しく、途方に暮れ悲しみに包まれた青い目の青年」として登場している。指揮者レーオ・ボルヒャルトのもとで指揮法と音楽学を学びたいというのである。

コンラート・ラッテは、ブレスラウの裕福なキリスト教徒の教養市民の子として生まれ、教育をうけている。それが激変するのは、彼が九年制ギムナジウム（大学進学を目的とした中高一貫学校）の一学年生で一〇歳だった三三年に、熱狂的な若いナチ教師が担任となったときからである。以下は作家ペーター・シュナイダーによるインタビューを中心に纏《まと》めた、ナチ期一二年間を生きぬいた潜伏者コンラート・ラッテの世路《せいろ》である。

担任教師は開口一番大声でいった――「アーリア人は挙手しろ！」コンラートは自分と他の同級生との間に何かしら違いがあることを漠然と感じていたが、この言葉の意味をよくわからないまま挙手した。担任教師が飛んできてコンラートにビンタをくらわせ、数日後にはユダヤ人学校に転校させられた。だが彼にはキリスト教徒としての生活体験しかなく、自分をユダヤ人として意識できず転校先でも疎外感を味わった。

父マンフレート・ラッテは紡績業を営んでいたが、それも一九三五年の人種法をきっかけに落ち目となり、さらに三八年一一月のポグロムではブーヘンヴァルト強制収容所に六週間拘禁され、釈放されたときには仕事も失っていた。この間コンラートは音楽家の道をめざし、ブレスラウの著名な演奏家の好意で個人指導をうけている。父の釈放後一家は移住を毎晩考えていたが、受け入れる国はなかった。やがて家族三人は東部への強制移送が近いことを知り、四三年三月にベルリンへの逃亡を決意した。頼った先は「アーリア人」を妻にする母の従兄弟《いとこ》（特権ユダヤ人）であったが、自分自身にも危険が迫っていたため、彼ら親子三人を名優グスタフ・グリュントゲンスの劇場で演じていた女優ウルズラ・マイスナーに紹介した。彼女は一人住まいであった。理由を聞くことも条件をつけることもなく、彼らに自分の住まいの一室を提供している。家族三人はようやく安らぎを得ることができた。

ところがまもなく、近くの住人がマイスナーに漏らした「空襲で焼け出されたというあなたの友人たちはユダヤ人のようね」の一言で、彼女はすぐに危険を察知し、友だちのウルズラ・タイヒマンの仲介で牧師ハラルト・ペルヒャウが紹介された。

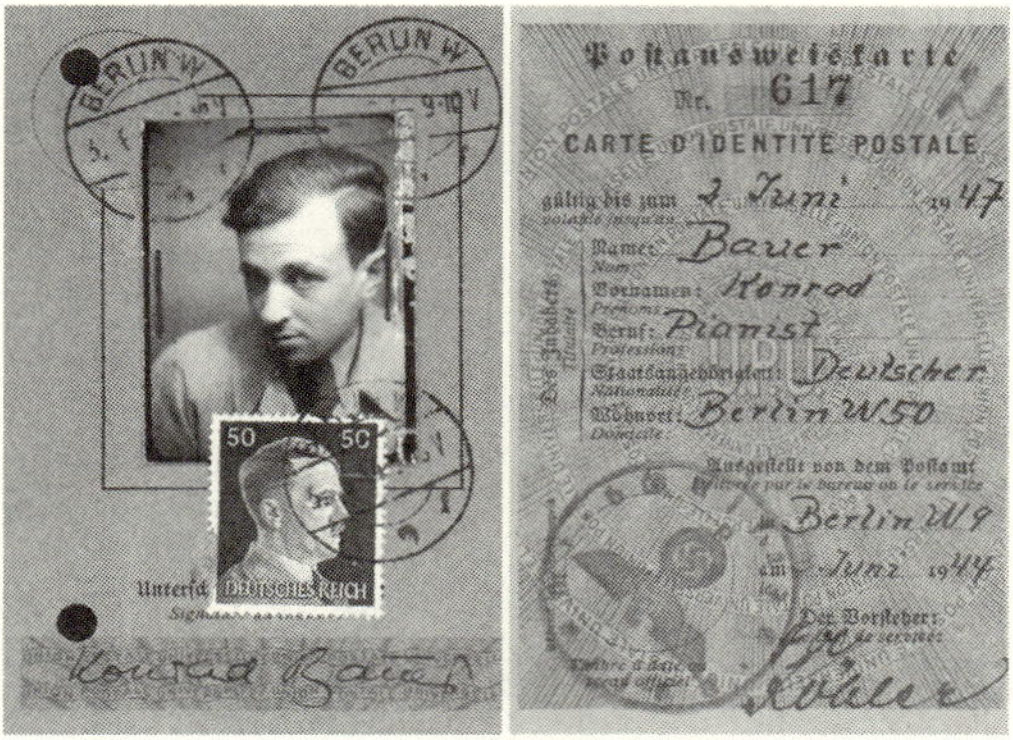

2－11　ヒトラー像の切手が貼られたコンラート・ラッテの1944年の郵便証明書（表と裏）

さすがにペルヒャウも、ブレスラウから三人家族がテーゲル刑務所の彼の執務室にきて、今日三人の隠れ場所をお願いしたいといわれて、呆然《ぼうぜん》としたという。彼はお金を用立てるとともに、きつく忠告した。「三人別々になって一人ひとりが生きのびるチャンスを得なければいけません」。さらに父親には荷役人、母親には掃除婦の仕事を手配し、コンラートにはその音楽の才能を活《い》かした火葬場の葬儀のオルガン奏者の職を紹介し、隠れ家と偽の証明書（コンラート・ラッテについてはコンラート・バウアーという偽名）を手配した。コンラートがペルヒャウを「ベルリンの、奇跡をおこなう人」と呼ぶゆえんである。

　コンラートはたえず居場所を変え、生きのびようと必死であったが、一方で音楽家の夢を捨てず、自分の耳にしている反ナチ的な指導者を探しつづけ、ようやく著名なピアニストのエドウィン・フィッシャーにたどりついた。彼はフィッシャーの指導をうけながら、教会のオルガン奏者の勤め口も見つけている。

　だがゲシュタポの手入れにひっかかり、彼はハンブルク大通りの集合収容所に拘禁される。幸運にもユダヤ人の出自を調査されることなく、半年で釈放された。彼はあらためて勉学につとめ、作曲家のゴットフリート・フォン・アイネムとも知り合うことができた。アイネムはベルリンの反ヒトラーの音楽家グループに属しており、それにはレーオ・ボルヒャルトも与していた。

　こうしてレーオのもとで、コンラートは指揮法と音楽学を学ぶようになった。もはや部屋にはピアノもなく、レッスンはすべてがそらで、静かにおこなわれたが、コンラートには「至福のとき」であったという。それも束の間《つかのま》、コンラートは隠れ家としていたペンションの一室に国防軍の脱走兵と同居していた九月末日の早朝、ゲシュタポの一斉手入れのために捕まり、ふたたびハンブルク大通りの集合収容所に拘禁された。同じペンションの階下の部屋にいた父も拘禁された。夫と息子が捕まったことを知った母マルガレーテは、自分だけ生きのびようとする気力を失い、二人のいるその収容所に自ら名乗り出た。この収容所はアウシュヴィッツ移送のターミナルでもあった。移送の決まった家族が貨物列車の前に並んだとき、拡声器から「ラッテ――コンラート――イスラエル、ここに残れ！」という声が響き渡った。両親に別れを告げる時間はなかった。だが父母が貨車に乗る直前に、「お前たちの息子は脱走幇助《ほうじょ》の罪で死刑だ」と無情にも親衛隊の大尉が伝えたのを、聞いている。それが両親との今生の別れとなった。

逮捕の理由はコンラートと一時同居した逃亡兵にあった。裁判でコンラートは彼と無関係であることがわかり、強制移送は一時見合わされた。この集合収容所でコンラートは雑役係の囚人、印刷業者ルートヴィヒ・リヒトヴィッツと友だちになっている。彼は特権ユダヤ人であったが、反ナチの人びとのための印刷もしていたことが露見して収容されていた。一一月二四日夜、二人は脱走をはかり奇跡的に成功し、途中で別れたコンラートはルートたちのところに深夜にたどりついた。弟子の失踪《しっそう》にすっかり落ち込んでいたレーオとルートはその帰還に驚喜している。翌日から濃密なレッスンが再開された。ちなみにリヒトヴィッツ（『日記』ではルートヴィヒ・ヴァルトの偽名）も二週間後にはグループに加わり、潜伏者用の証明書類を本物同様に偽造する強力な助《すけ》っ人《と》となった。

その後コンラートはゴットフリート・フォン・アイネムとの交友を深めることができ

た。アイネムはコンラートのために有効な音楽協会会員証を入手し、さらに彼にオペラの端役の仕事も見つけている。だがコンラートには宿泊の場がなく、毎晩あちこちを転々としていた。そうしたなかペルヒャウの伝手で、テーゲル刑務所の食堂の下働きヴィリィ・クランツの住まいの地下室にしばらく寝ることができた。クランツ夫婦はユダヤ人の少女を手元に引き取って、「自分の娘」として育て迫害から守っていた。そんなコンラートにペルヒャウがベルリン中心部にある銀行の守衛の勤め口を探しだし、ようやく彼の寝場所は確保された。

一方で逃亡者コンラートの潜伏生活は、さらに危険になっていた。多くの人が彼を知っていたし、彼の脱走についても聞いていた。一度は地下鉄でゲシュタポの手先として使われていた潜伏者探しのユダヤ人の男から「何をうろついているんだ、失《う》せろ」とまで耳打ちされている。ベルリンから姿を隠さねばならない時間はさし迫っていた。

ちょうどそのころ宣伝相ゲッベルスの指示で戦意高揚の国防軍慰問団が組織されている。コンラートは団員にもぐり込もうと思い切って応募し、幸い採用された。各地を巡回するうちに彼は団員のソプラノ歌手エレン・ブロックマンと知り合い、一大決心の末彼女に愛を打ち明け、受け入れられた。団員のなかのナチ主義者には彼の素性に薄々気づく者もいたが、エレンは必死に彼を守りつづけた。四五年四月ゲッベルスが慰問団を解散したとき、コンラートとエレンはすでに退団していた。彼はエレンの婚約者として中部ドイツのバート・ホムブルクの地に逃れ、ナチドイツ崩壊までの数カ月を過ごしている。

二人は中部ドイツがアメリカ軍に占領された四月に挙式した。バート・ホムブルクで戦後最初におこなった、彼のコンサート宣伝ポスターの演奏者名には「コンラート・ラッテ——コンラート・バウアー」と本名と偽名が併記されている。当地の音楽家たちは彼の偽名だけを知っていたからである。

こうした理不尽としか言いようのない過酷な状況のなかで生きのびた潜伏者コンラート・ラッテの世路は、何とも心うたれるドラマである。彼は有名、無名の市民五〇人の命の恩人を挙げているが、ここではその一端を示すにとどめた。

《クライザウ・サークル》との連携と《白バラ》グループの情報

ハンス・ペータースとハラルト・ペルヒャウが《クライザウ・サークル》のメンバーで《エミールおじさん》の協力者でもあったことは、両グループの緊密な関係を表している。モルトケ関係文書には見いだせないが、一九四二年一〇月一一日の『日記』からペータース宅でもたれた教会関係者、帰休兵をふくむベルリン市民の地下活動の集まりに、ルートとともにモルトケ自身も出席していたことがわかる。開戦後、モルトケは国防軍防諜部《ぼうちょう》（四四年二月国家保安本部に合併統合）に勤務しており、当然ながら戦況にも詳しかった。この集まりでは、出席者たちはドイツの敗戦だけがナチスの終わりになるという考えで一致していた。

こうしたドイツの敗戦＝ナチ体制の崩壊という認識が、《エミールおじさん》グループにもユダヤ人救援を越えた反ナチ活動をうながすことになった。

モルトケとペータースのラインをつうじて、グループ中枢にはいつも重要な情報が逐一伝えられていた。そのなかに《白バラ》グループの情報もある。

ミュンヘン大学生による反ナチ組織《白バラ》については、公開裁判されたこともあってベルリンにもおぼろげながら伝わっていた。

このグループの活動は四二年六月、反ナチの政治的行動を決意したミュンヘン大学の医学生ハンス・ショル（一九一八―四三、刑死）とロシア生まれの学友アレクサンダー・シュモレル（一九一七―四三、刑死）が、反ナチを訴える効果的な手段としてビラ『白バラ通信』を作成し、市内外の人びとに郵送したことに発している。第一のビラから第四のビラまでがそれである。すでにこの年二月、確信的な反ナチの父ローベルト・ショルがヒトラー批判をしたかどで逮捕され、八月の裁判で四カ月の禁固刑と就業禁止の処分をうけていたことが、彼らの行動の背景にある。

同時期に幼稚園教師を志望していたハンスの妹ゾフィー（一九二一―四三、刑死）もアビトゥーア（高等学校卒業資格と大学入学資格を兼ねた試験）合格後、ナチスの導入した半年間の勤労奉仕のあと、ミュンヘン大学で生物学と哲学を学びはじめていた。ハンスは妹ゾフィーを活動に関わらせまいとしていたが、彼女の熱意に負け、結局仲間にした。またボンで医学の学修中に召集され東部戦線の看護兵の経験をもつ敬虔なカトリック教徒の医学生ヴィリ・グラーフ（一九一八―四三、刑死）、人種法のため父と離婚させられたユダヤ系の継母をかくまいつづける医学生クリストフ・プロープスト（一九一九―四三、刑死）も仲間となった。

2－12　1942年7月東部戦線に行くハンス・ショル（左端）を見送るゾフィーとプロープスト

　さらに自身も軽度の身体障害者でナチ人種・障害者政策に怒る音楽学・哲学担当クルト・フーバー（一八九三―一九四三、刑死）教授は、当局の禁ずる思想家、作家の作品をも講義に取りあげ学生たちに人気のあった人物だが、四二年夏以降彼らの助言者になっている。彼はまた《クライザウ・サークル》の一員でミュンヘン・ボーゲンハウゼンのカトリック神父アルフレート・デルプ（一九〇七―四五、刑死）と知友であり、四二年末には反ナチ活動の協力関係を築いていた。

ハンス、アレクサンダーそれにヴィリの三人は、四二年七月後半から四ヵ月間、東部ロシアの前線へ送られ衛生中隊の軍務についた。ここで彼らは前線での戦死と後方での無差別殺戮の犯罪を目撃し、強烈な衝撃をうけている。以後このグループの反ナチのビラは、第四のビラまでの高邁《こうまい》で読み手も限定された内容のものに代わって、激烈だが平易に人びとに訴える内容となっていく。四三年一月第五のビラ「ドイツ抵抗運動のビラ――全ドイツ人への呼びかけ」を、彼らはミュンヘン以外の各都市にも大量に配布すべくつとめている。時ここにいたって、彼らはたとえ国民大衆に冷笑されようとも、ただ高みに立って檄《げき》をとばすのではなく、自ら勇気をもって責任ある行動をしようとしたからである。

そしてスターリングラード戦でのドイツ敗北後の二月、第六のビラ「学友諸君！」が撒《ま》かれ、グループ最後のビラとなった。大学構内の大ホールでそれを撒くゾフィー・ショルが守衛に見つかったからである。ホールはただちに閉鎖され逮捕された。二月一八日のことである。二二日、民族法廷の長官フライスラーは有無をいわさずショル兄妹、プローブストに国家反逆準備のかどで斬首刑《ざんしゅけい》を言い渡し、七月には他の三人も同様に断罪した。この《白バラ》グループの運動に共鳴してつくられた男女五〇名近い支部をもつハンブルク大学をはじめ、フライブルク大学、シュトゥットガルト大学の小グループも、まもなく摘発され死刑をふくむ厳罰に処されている。

2－13　ゾフィーが第6のビラを正面3階から撒いたミュンヘン大学大ホール。右のアーチ型柱近くの側壁にゾフィーの胸像が据えられている

ちなみにショル兄妹の処刑四日後、家族（父ローベルト、母リーナ、長女インゲ、次女エリーザベト）は連帯責任を課されローベルトが九カ月、リーナとインゲが五カ月、エリーザベトが二カ月の禁固刑に処され、次男ヴェルナーは東部戦線送り（四四年に行方不明）となった。さらにローベルトは新たに外国放送傍聴の罪に問われ翌年四四年一一月まで刑務所生活を強いられた。

《エミールおじさん》グループ中枢が三月二三日、ハンス・ペータースから右の《白バラ》運動の顛末を詳しく知り、さらに密かに受けとったのが第六の最後のビラ「学友諸君！」であった。彼らはしっかり戸締まりしてペータースがその折り畳まれたビラを読むのを聴き入った。そのビラの一部を紹介しよう。

「学友諸君！　われわれ国民は愕然《がくぜん》たる思いでスターリングラードの地に累々と横たわる兵士たちの屍《しかばね》をながめている。三三万人のドイツ軍兵士が先の大戦で伍長《ごちょう》だった男の天才的戦略によって、無意味に、また無責任に死と破滅に追いやられたのだ。何ともありがたいことだ。（中略）われわれは卑劣極まる権力欲に憑《つ》かれた一政党の輩《やから》のために、ドイツの若者すべてを犠牲にしようというのか？　断じて否である！　清算の日がきた。われわれドイツの若者は、これまでわれわれ国民が耐え忍んできたもっとも忌まわしい暴政に決着をつけよう。われわれはドイツの国民すべての名において、アドルフ・ヒトラーの国家に要求する。個人の自由を返せ。これこそドイツのもっとも貴重な財産であり、奴《やつ》が卑劣きわまりない方法でわれわれから騙しとったものなのだ。（中略）ヒトラーとその仲間が、ドイツ国民の自由と名誉の名のもとに全ヨーロッパにおいて、これまでおこないつづけているおぞましい大量殺戮は、いかに愚かなドイツ人といえどもその目を開かせたのである。ドイツの若者がついに決起し、報いを与えるとともに罪滅ぼしをし、虐待の主を打ちのめして、新たな精神的ヨーロッパを建設しないならば、ドイツの名は永久に恥辱として残るであろう。学友諸君！　ドイツ国民の目はわれわれに注がれている。……」

《白バラ》最後のビラの印刷・配布

《エミールおじさん》グループの人びとにとって、ナチ化された大学の将来のエリートたちがナチスに同調する時代のなかでも、遠くミュンヘンに同志たちがいたことは「一条の光明」であった。だが、その結末は「悲劇」である（ハンスたちは大学生の面汚しとされ、「大学生」ではなく「反社会的な元軍関係者」として処刑されたという）。彼らは《白バラ》グループが死を賭して訴えたビラを自分たちが複写し、広め伝えなければならないという使命を感じ取った。ただちにタイプライターが用意され、ルートとカーリンによってタイプ打ちがつづけられた。一八歳のカーリンはその夜、若くしておのが信念に殉じた《白バラ》グループの行動に思いを馳《は》せ、心を揺さぶられて慟哭《どうこく》しひたすら祈った（ちなみに戦後彼女は舞台女優、『南ドイツ新聞』の記者を経て、一九八七年に「白バラ財団」を設立し、現在にいたっている）。

彼らには、ヒトラーのドイツにもまっとうな人間がいてヒトラーに抵抗していることを、外国に伝えることが重要であった。三月二七日の『日記』には、先の情勢報告とビラ二五〇枚を密かにスイスに持ち込む方法と、スウェーデンを経由してイギリスに持ち込む手段も見つかった、と記されている。

確かなのは、モルトケが四三年三月二二日ノルウェーに行き、「ドイツの若者が目覚めた証」として、このビラをオスロ司教に託しイギリス側に渡したこと、また北欧の反ナチ抵抗グループをつうじてひろく新聞等にも掲載されたこと、さらに四月一八日の『ニューヨーク・タイムズ』に転載され、アメリカ亡命中のノーベル賞作家トーマス・マンが六月にBBC放送で「世界がいたく感動した」と《白バラ》グループの行動を伝えたことである。やがてそれはもっとも効果的にドイツにも流布された。四三年七月イギリス空軍機が第六のビラをベルリンのほか各都市に撒いたからである。こうして《白バラ》グループは後述するシュタウフェンベルク大佐とともに戦後、ドイツ人抵抗運動のシンボルとなっていく。

2－14　ルート、カーリン母娘（1944年、ベルリンのシュテグリッツで）

《エミールおじさん》グループが《クライザウ・サークル》と終始緊密な関係にあったのは、その主宰者モルトケの清廉な人柄と該博な知識・視野の広さに敬服して、ヒトラー後のドイツの指導者たる人物と仰いでいたからである。だがそのモルトケも四四年一月には逮捕された。ユダヤ人の救援にも密かに尽力していた反ナチグループ《ゾルフ・サークル》との関係がゲシュタポに察知されたためである。

一方、ナチ支配を終わらせようとする最後の賭《か》け《七月二〇日事件》も間近になっていた。《クライザウ・サークル》の人びとも深く関わっていた。彼らをつうじて、ルートやレーオなど《エミールおじさん》グループの中枢の人たちもそのことを知っていた。現にレーオは四四年七月一〇日、主要メンバーの外務省・公使館参事官アダム・フォン・トロットからヒトラー排除の計画について耳打ちされ、表向き客演招聘《しょうへい》のかたちをとりながら、スウェーデンの反ナチ組織との「連絡員」になるように依頼されていた。

2−15　ヘルムート・モルトケ伯と妻のフライア・モルトケ（1931年）

次章では、ユダヤ人救援活動にとどまらず、直接的な反ナチの政治行動としてヒトラー独裁制の転覆につきすすむ市民グループの姿をみることにしよう。

第三章　ヒトラー暗殺計画に関与する抵抗市民たち

1　知識人グループと軍部反ヒトラー派

謀議のはじまり

ナチスに敵対する人びとが体制打倒を念頭に行動するようになるのは、一九三八年一一月のポグロムに始まる侵略戦争の道が明らかになってからである。ナチ政権に激しく弾圧された共産党員はもとより、社民党、中央党系の国会議員や労組員たちは、当初から体制打倒をめざしていた。もっとも、国外に亡命せず刑務所や強制収容所に入れられたあと釈放され、雌伏して時を待つ彼らの生活はきびしかった。共産党員は地下に潜りつづけるほかなかったが、その他の市民的政党や労組の活動的なリーダーたちもゲシュタポに見張られながら職を得て糊口《ここう》を凌ぎ、密かに同志との反ナチグループをつくるという生活を過ごしている。

こうした弾圧をうけた人びととは別に、既成組織によらない市民たちは、たとえば《エミールおじさん》グループのようにユダヤ人など被迫害者たちの救援グループをつくり、さらにはナチス打倒を訴える政治的行動にも踏み込んだ。だがヒトラー打倒を目標にはできても、それをいかに実行しその後の世界をどう描くかは、普通の市民の手には負えない問題であった。そもそも開かれた議論ができなかったから、残された道はごく少人数の謀議によるほかなかった。

《白バラ》グループが個人の自由や人権の回復のスローガンをかかげながら、国民にナチ体制からの離反を訴える以上の内容を描けなかったのも、当然としか言いようがない。圧倒的な国民大衆がナチ体制の受益者となって人種政策に加担しているかぎり、独裁制はどうにもできない壁のようなものであった。だがそうしたなかでも専門知識をもつ人びとを中心にした反ナチグループによって、ナチ支配の対抗プランがつくられている。それは彼らの思い描く「もう一つのドイツ」であった。

代表的なオルガナイザーが二人いる。年齢も思想も異なる、カール・ゲルデラーとヘルムート・フォン・モルトケである。すでにみてきたように二人の行路は対照的であったが、先鋭化するユダヤ人迫害を契機に反ナチのグループづくりに入った。彼らは自分たちの同志を集めて対案づくりをしただけでなく、他の反ナチグループとの連携協力にも乗り出している。とくにゲルデラーはライプツィヒ市長辞任後、大企業ボッシュの国外支店代表という地位を利用して英米の政府要人とも知り合い、官界と軍部のヒトラーの反対勢力と幅広い関係を築く反ナチ市民の大物であった。

3－1　ゲヴァントハウス交響楽団の演奏するリヒャルト・ワグナーをヒトラーと並んで聴く市長カール・ゲルデラー（1933年）。当時彼はヒトラーに影響を与えられると自負していた。

反ナチの市民グループの数は多いが、そのなかでもドイツ西部ラインラントを拠点にしたカトリック労組系の人びとを中心にした《ケルン・サークル》、告白教会の支持者でボンヘッファーとつながるフライブルク大学教授たちを中心メンバーにした《フライブルク・サークル》が、モルトケ、ゲルデラーたちと関係の深いグループである。後者のグループのばあい、ボンヘッファーの依頼で戦後計画となる『覚書』を残している。モルトケが接触した《ローテ・カペレ》の経済学者ハルナックが中心になってこの対案づくりをしたとされるが、詳細は

3－2　ベルリン、ホルテンズィーエン通り50番地にあるペーター・ヨルク宅。ベルリンでグループが謀議する中心の場となった

不明である。

《クライザウ・サークル》の結成

こうした種々のグループのなかで、戦争の敗北を見越したモルトケが、時間をかけて議論し、あるべき戦後ドイツ像づくりのために結成したグループが《クライザウ・サークル》である。反ナチの代表的なシンクタンクといっていいだろう。一九三八年末以来それぞれ同志をかかえていたモルトケとペーター・ヨルク・フォン・ヴァルテンブルク伯（一九〇四―四四、刑死）の二人が、四〇年一月ベルリン、ホルテンズィーエン通りのペーター・ヨルク宅でヒトラー以後のドイツを討議するために、信頼できる専門家たちを集めようとしたのが発端である。

グループの創設メンバーは、ブレスラウ大学時代のモルトケが一九二七年から三年間、社会学者ローゼンシュトック・ヒュスィ（一九三三年アメリカ亡命）と共同で組織した「レーヴェンベルク労働キャンプ」の参加者である。このキャンプはシュレジエン地方の貧困問題を大学生・若い労働者・農村青年たちとともに考え克服しようという趣旨でおこなわれていた。参加者のなかには草創期の社会教育の先駆者ライヒヴァイン、ハンス・ペータース、若い行政官ペーター・ヨルク、モルトケの従兄弟の大学生カール・フォン・トロータ（一九〇七―五二）、同ホルスト・フォン・アインズィーデル（一九〇五―四七）、さらにベテランの行政官シュレスヴィヒ・ホルスタイン州の郡長テオドア・シュテルツァー（一八八五―一九六七）がいた。この人びとがグループ結成の核となった。

3－3　軍服姿のペーター・ヨルクと妻のマリオン・ヨルク（1942年ころ）

四二年はじめには主要メンバー二〇人のグループができるが、その立場は多彩である（このグループの活動に関係した人びとは九二人とされる）。主要メンバーは博士号をもつ法律家、外交官、大学教授、新旧両宗派の神学者・聖職者、労組指導者をふくむ元国会議員などだが、職業軍人はいない。もっとも、ヨルクはすでに《伯爵グループ》といわれる将校をふくむ反ヒトラー派とつながりがあった。また双子のベルトルト

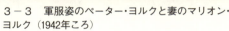

（一九〇五―四四、八月一〇日刑死）とアレクサンダー（一九〇五―六四、古代史学者）、クラウス（一九〇七―四四、七月二〇日刑死）のシュタウフェンベルク三兄弟は彼の従兄弟である。長兄の法律家ベルトルトは早くから反ナチの立場をとっていた。彼は三八年から国際法の専門家として国防軍統合司令部（ＯＫＷ）に勤務し、モルトケと職場の近い同志となるが、次兄のアレクサンダーは古代史研究者の道を歩んでいた。そして末弟クラウスが《七月二〇日事件》の首謀者となるのである。

危険に満ちた謀議

《クライザウ・サークル》のメンバーたちは、ベルリンから遠く、人目につかないモルトケ家の所領地クライザウの山荘で、担当の分野について数回打ち合わせをしたほかは、用心のために少人数グループに分かれて討議し、中心メンバー以外は他のグループの構成を知ることがなかった。

グループの全体会議は一九四二年五月から四三年六月末まで三回開かれ、最終会議で合意された内容を『新秩序の諸原則』として纏め保管した（後世『クライザウ文書』として知られる）。

四〇年夏に系統的な議論を始めるようになってから四四年一月のモルトケ逮捕まで、会合

3－4　クライザウの館。背後400メートルほど離れて山荘がある

が一四四回もたれているが、場所はほとんどベルリンのモルトケ宅（四三年一一月二四日空襲で焼失）とヨルク宅（モルトケも仮寓《かぐう》）、さらにミュンヘンである。配給制で食糧の入手が困難になっても、モルトケとヨルクだけは田舎の領地から食糧を補給でき、「来訪者が昼夜問わず何か食べられるように」夫人たちが気を配っていたことも、会合の場となった大きな理由である。フライア・モルトケ夫人（一九一一―二〇一〇）とマリオン・ヨルク夫人（一九〇四―二〇〇七）はともに法学博士号をもつインテリ女性で会議に常時参加して記録をとった。ヨルク宅で会合がもっとも多くもたれたが、マリオン夫人は密告の危険につねに気を配り、「注意！　敵が聞き耳を立てている」を合い言葉にしていた。

先の大戦で重傷を負い、兵役免除となったライヒヴァインが部長を務める国立ベルリン民俗学博物館の執務室が謀議に充てられることもあった。彼はハレ教育大学教授を追われてから国民学校での教育活動に七年間取り組んだが、それを諦め、政治的抵抗者となって三九年五月からこの職にあった。博物館の同僚の誰も反ナチ行動に気づくこともなく、それをうかがわせる形跡も残さなかった。四四年七月四日の逮捕後も、秘書のシュタルマン女史は固く口を閉ざしていたが、戦後になってはじめて、彼の執務室で「業務外の何かが話し合われていたようだ」と語っている。

メンバーたちは職務をこなしながら謀議に加わった。デルプ神父をはじめミュンヘン在住のカトリック派聖職者三名をのぞいて、彼らには家族がいた。大半が一九〇〇年前後生まれの若い世代の彼らにとっては、子育てに手がかかる時期でもあった。ライヒヴァインは博物館と学校教育を融合させた「博物館教育学」という新たな領域を後世に残したが、ほかに各地で民俗学や作業教育の講演をおこなう仕事があった。四三年八月の空襲で家を失い、妻のローゼマリー（一九〇四―二〇〇二）と四人の子どもはモルトケの領地クライザウに疎開していた。博物館も被害に遭い、破損した窓ガラスから寒風が吹きつけるなか、外套《がいとう》を着込んでの職務となった。そうした仕事のかげに、ベルリン内外の同志と連絡し地下活動の情報を得る渉外活動があった。他の大都市も同様に爆撃されたから、同志との情報連絡も困難を極めていた。

こうしたナチ体制の一員であると同時に抵抗者でもあるという二重生活の苦しさは、同志全員にあてはまる。すでにヨルクは召集されてポーランド戦に戦車連隊の副官少尉として参戦後（弟は戦死）、ヘルニアのため国防軍東部経済本部に勤務していた。空軍司令部の少佐ペータースにしろ、監獄牧師ペルヒャウにしろ、逃亡ユダヤ人の救援に尽力し、さらにグループの謀議に参加している。妻たちも裏面の活動をよく理解していたから、夫を支え子どもたちを守った。実際に、妻たちの献身的協力なしには彼らの活動もなかった。モルトケはグループのきびしい状況を四二年四月一八日、ストックホルムからイギリスの友人ライオネル・カーティスにこう伝えている。

いつの日かドイツの進歩した様子が伝えられるように、われわれはひどい重圧のなかで活動しています。電話も使えず手紙に書くこともできず、捕らえられ拷問されて名前を白状することになりはしまいかと心配して、自分の親しい友人のことを他の友人にもいえない、そんな状況のなかでグループとして活動するのがどういうことか、あなたに想像できるでしょうか。

右のように、日常的に危険な状況にさらされながら、同志たちは連絡しあい、あるべきドイツ像について互いの立場と考えを確認しては修正している。

一方で彼ら抵抗者たちの危惧《きぐ》は日増しに増大している。戦線が拡大し、強制移送も始まっていた。ホロコーストの現実を内外に伝えて、ヒトラーの戦争の敗北を待ちつづけるだけでいいのか。不安と焦りが募った。おのずと彼らの期待は国防軍内部の反ヒトラー派の行動に寄せられていく。

国防軍反ヒトラー派の「九月陰謀」

国防軍の反ヒトラー派は一九三八年には生まれている。これには軍独自の理由がある。国防軍には政治からの独立、政治不関与の伝統があり、現に軍人には投票権は与えられていなかった。しかも将校団は貴族・地主貴族（姓にフォンの称号がつく）の出身が多く、陸軍参謀本部は上流階級の秀才の集まる誇り高いエリート集団であった。彼らのほとんどは君主政体支持の保守主義者であったが、教養も高かった。ナチ党の、下層出身者の多い粗暴な突撃隊やナチ親衛隊の無法ぶりを、彼らは嫌悪していた。そうした彼らがヒトラー政権を歓迎したのは、ヴェルサイユ体制が打破され、宿願の再軍備と軍の徴兵権の復活により国防軍が国家の守り手としての地位を回復したからである。

ところがヒトラーは「生存圏」の確保、つまり領土拡張・他国侵略の構想を、三七年一一月の秘密会議で軍首脳と外相に提示し、反対する軍務相と外相を辞任させていた。さらに三八年二月、彼は国防軍統合司令部を新設し、陸海空三軍の指揮権を掌握した。すでに総統就任によって、軍人に要求された忠誠の誓いの対象は「国民と国家」から「総統ヒトラー」に変えられていたが、軍の独立が奪われ名実ともに統帥権をもつヒトラー個人への忠誠の誓いとなった。国防軍は親衛隊とともにナチ支配を体現するヒトラーの私兵になってしまった。しかもその過程で、早期開戦に反対する陸軍最高司令官フォン・フリッチュを男色家（当時は大きな醜聞であった）だと罠《わな》をかけて引退させ、軍部の憤激をかっていた。

さらにヒトラーは将官たちの多くを自分に従順な者に交代させる一方、三月にはオーストリアの合邦をおこない、五月には軍、外務省幹部たちに英仏と同盟を結ぶチェコスロヴァキアへの侵略の意図を明らかにした。実際九月になって、ドイツ系住民の多いチェコスロヴァキア領ズデーテン地方の割譲をヒトラーが要求したことで、対チェコ戦だけでなく対英仏戦の危機が一挙に高まった。

3－5　ルートヴィヒ・ベック将軍

参謀総長ベック将軍は、戦争の愚を説いた覚書を幾度もヒトラーに提出していたが無視され、結局八月末に後任をハルダー将軍に委ね辞任した。こうした経緯のなかで国防軍にベックを中心にした反ヒトラーの将官グループがつくられている。

一方、国防軍の諜報をになう防諜部の部長カナリス海軍大将も、ゲシュタポを率いるライバルのナチ親衛隊を嫌う反ナチ派であったが、反ヒトラーの急進派ハンス・オスター中佐(四二年から少将)を本部長に据え、反体制派の陰謀活動を認めていた。軍部という閉鎖的組織のなかでも、諜報部門は極秘活動のための機関であったから反体制派の隠れ蓑《かくみの》には打ってつけである。オスターは、各界に反ヒトラー人脈と情報ネットワークをつくり、その一環として法律家ハンス・フォン・ドホナーニ(一九〇二―四五、四月刑死)をはじめ反体制の人材を上級職員にして周りを固めていた。オスターが四三年四月その行動を親衛隊に疑われ免職されるまで、防諜部上層は軍部内の反ナチ拠点であった。三九年九月以降、モルトケが外国課の戦時国際法担当のほか外務省と国防軍統合司令部の連絡官として勤務し、また知人たちの用意したアメリカ亡命を途中で投げすて帰国した神学者ボンヘッファー(ドホナーニは義兄)が、諜報員として籍を置きつつ政治的抵抗者として活動できたのも、こうした事情からである。

ところで、ヒトラーの強硬な外交姿勢によってチェコ問題が一触即発の状態になったとき、軍部反ヒトラー派によるクーデター計画があった。「九月陰謀」と呼ばれるこの計画は、ズデーテン地方割譲を求める最後通牒《つうちょう》の回答期限とされた九月二八日、ベックの後任ハルダー将軍の指揮下にヒトラーを逮捕し彼を裁判にかけ新政府をつくるというものだった（いまだ君主政体の新政府が想定されていた）。この謀議にはやがて《七月二〇日事件》で処刑されるベックや彼の旧友ゲルデラーのほかヴィッツレーベン、シュテュルプナーゲルなどの将官たちも加わっていた。

だがこの計画には、チェコ侵攻の動員令と英仏の対独宣戦布告が前提条件にあった。これを契機に反乱グループが戦争の回避に決起するというシナリオであったからである。ところが動員令は延期され宣戦布告もなかった。九月三〇日イタリアのムッソリーニの仲介と英国首相チェンバレンの譲歩によって、ズデーテン地方のドイツへの割譲が決定したためである（「ミュンヘン協定」）。決起の大義が失われ、「九月陰謀」は挫折《ざせつ》した。すでにオーストリアの合邦は両国民に圧倒的に支持されていたが、ズデーテン地方のドイツ領編入をも国民はヒトラーの外交的勝利と称えた。陰謀者たちのショックは大きく、まもなく将官グループも解体した。

しかも「九月陰謀」の挫折が将官たちのトラウマとなってしまい、開戦を恐れる彼らを臆《おく》病《びょう》者と罵倒《ばとう》しまた威嚇するヒトラーを前に萎縮《いしゅく》するようになった。実際、この陰謀のあと三九年三月チェコスロヴァキアへの侵攻が始まり本当に大戦が勃発《ぼっぱつ》しようというとき、オスターらはヒトラー排除の計画を練ったが、陸軍将官たちの腰が引けて計画は頓挫している。

以後、彼ら将軍たちはヒトラーの戦争に率先して協力する。

2 孤独な暗殺者ゲオルク・エルザー

ミュンヘンのビアホール「ビュルガーブロイケラー」の爆破

一九三九年九月一日、ドイツ軍はポーランドに侵攻し第二次世界大戦が始まった。わずかひと月あまりでワルシャワが陥落し、翌年五月には西方電撃戦によりオランダ、ベルギー、フランスも降伏した。国民はドイツ軍の勝利の連続に熱狂し、将軍たちもヒトラーの戦争指揮に本気で敬意を払いつつあった。そうしたなかでただ一人醒《さ》めて自分の確信を行動に移した人物がいる。失業中の家具職人ゲオルク・エルザー、三六歳、独身。南独シュヴァーベン地方にある二七〇〇人あまりの町ケーニヒスブロンの田舎の出身である。

三九年一一月八日夕、毎年恒例の「ナチ党ミュンヘン蜂起」を記念する総統ヒトラーの演説がミュンヘン市の大規模ビアホール「ビュルガーブロイケラー」で開催された。ヒトラーが党の大幹部ゲッベルス、ヒムラー、R・ヘス、M・ボルマンほか二四人を最前列に座らせ、古参ナチ党員二〇〇〇人を前におこなった演説は、ラジオで全国放送され、一九時三〇分から二時間ほどが予定されていた。だが新たな敵イギリスへの非難攻撃に終始した演説は三〇分ほど早く切り上げられ、ヒトラー一行は二一時七分にはミュンヘン中央駅に向かった。飛行機でベルリンから往復する予定が霧発生のため、帰路を二一時三五分発の列車に替えたからである。演壇は無人となり、ヒトラーたちが車中にあった二一時二〇分、一発の爆弾が炸《さく》裂《れっ》し、桟敷や演壇の辺り一帯は吹き飛び屋根も崩落した。予定どおりであれば、演説の最中である。爆発は演壇背後の重い桟敷を支える太い石柱の後部根元内部に仕込まれた時限爆弾によるものである。大半の聴衆が帰っていたこともあって、犠牲者は死者八人（臨時ウェイ

3－6　ビュルガーブロイケラーが爆破される直前、演説するヒトラー。ナチ旗の背後の柱根元に爆弾が仕掛けられている

ターの一人をのぞいて七人はナチ党員と突撃隊員)、負傷者は六三人。標的となったヒトラーは党幹部たちと一三分の差で難をまぬがれた。

当夜二〇時四五分ごろ、スイス国境の町コンスタンツの国境検問所で小柄な男が不法に越境しようとしたかどで逮捕された。だが所持品が小型のペンチ、爆弾の構造の詳細なスケッチの入った封筒、ビュルガーブロイケラーの絵はがき、共産主義者組織「赤色戦線同盟」のバッジなど疑念をいだかせるものばかりであったから、すぐ同地のゲシュタポに引き渡された。夜半になって爆弾事件の連絡が入り、男は翌朝ミュンヘンのゲシュタポ本部に護送された。それがゲオルク・エルザーである。

一方、爆弾事件の知らせを車中でうけたヒトラーは、暗殺の失敗を恩寵《おんちょう》と信じるとともに、事件をイギリス課報機関の仕業とみなし、一大捜査態勢を敷くように指示した。事件翌日の現場検証でも、時限爆弾が素人にはとうてい製造できない専門家の手になるものだと断定された。ヒトラーの予見にあわせてヒムラーの警察捜査とゲッベルスのプロパガンダも敵国イギリスの謀略を柱にすることで辻褄《つじつま》をあわせた。そのために親衛隊員にオランダ国境越えまでさせて二人のイギリス人諜報員を誘拐、監禁させたが、エルザーの単独犯行であった事実だけは国民に伏せられた。

爆破犯ゲオルク・エルザー

エルザーは当初、密告された多数の容疑者のうちの一人にすぎなかった。だが彼は激しい拷問の末に自白した。彼は所持する疑わしい品々が逃亡のためであり、傷つき化膿《かのう》している両膝《ひざ》が石柱根元に爆弾を設置する長期の作業によるものである、と認めた。その結果、実行犯と断定された。しかしそれでも家具職人エルザーの単独説は疑わしいとされた。精巧な時限爆弾製作に要する高度な知識技術からみて、無理からぬことであった。エルザーの単独行動と結論づけた尋問調書の報告は、ヒトラーはじめナチ幹部たちには信じられなかったという。

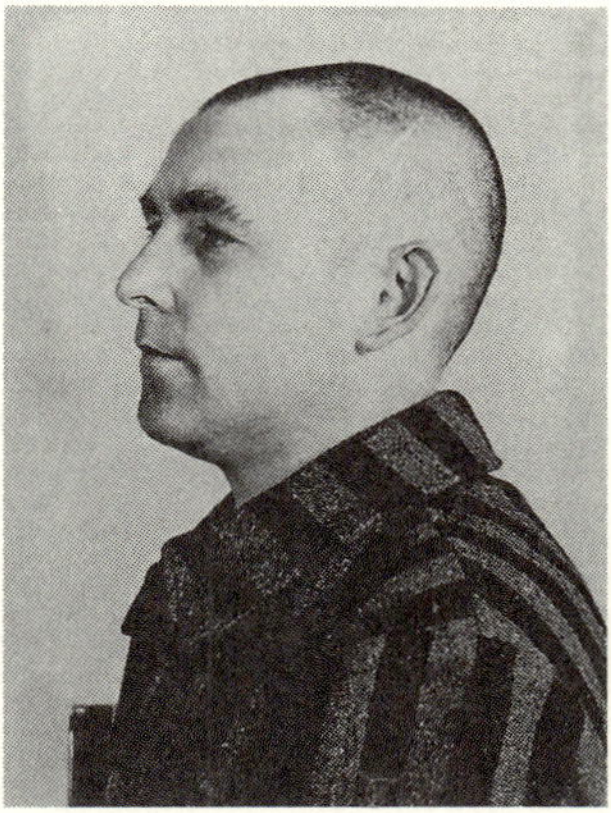

3－7　坊主刈りされた囚人服姿のゲオルク・エルザー（1940年1月前後）

彼らには、エルザーがいまだに共産主義にかぶれた失業労働者にすぎず、その犯行も外部から唆されたものだという思い込みがあった。労働者こそ失業苦から解放され定時労働や余暇活動などの恩恵をうけた、ヒトラーの中核的な支持者だと自負していたからである。しかもエルザーの郷里ケーニヒスブロンは、「ナチの町」といわれるほど強いナチ党支持の土地であった。だが、彼がベルリンのゲシュタポ本部で再尋問され、犯行計画の詳細と時限装置付きの信管などを再現したために、自らの意思にもとづく行動であることが明らかになった。

ところがメディアで報じられたのは、終始「実行犯」としてのエルザーであって「黒幕」はイギリス情報部であるとされた（一時新聞にスイス亡命中のナチ反党分子G・シュトラッサーの名も載った）。ドイツが最終的に勝利したあと、エルザーを政治利用しようという目論みがあったからである。彼は「特別囚」として五年有余を自殺防止のため看守に常時見張られ、ベルリンのゲシュタポ本部最上階、ついで近郊のザクセンハウゼン強制収容所の隔絶した独居房に幽閉されることになる。

事件後の新聞各紙はいずれも、ヒトラーの意に添って暗殺失敗が「神の摂理による恩寵」であったことや、黒幕イギリスとの戦争を肯定し一致団結を叫ぶ圧倒的な国民大衆の声を大々的に伝えている。エルザーは、救国の主ヒトラーの恩寵を称えイギリスへの敵意と憎悪を煽る絶好の道具になった。もちろん少数だが暗殺失敗を嘆き、報道の不自然さを見抜いていた人びともいた。《エミールおじさん》のルート・アンドレアスは事件翌日の九日にこう記している。

昨夜ミュンヘンのビュルガーブロイで時限爆弾が爆発した。ヒトラーが古参闘士の血の勲章所持者へのスピーチを終えて会場を後にした直後のことだ。犯人を突きとめるために五〇万マルクの懸賞金が懸けられている。「なんとまあ、もしあれが命中していたら、今ごろわれわれみんな酔いつぶれていただろうね」、編集長ホルナーはこういって私を迎えた。（中略）われわれはちょうど休暇で来ているヒンリクス（ハンス・ペーター ス）と協議した。「これがもう少し早く起こってさえいたら」と、彼は落胆した様子でこぼす。「時限爆弾なんて、しかるべきときに爆発するのでなかったら、何の役に立つんだ！」――推測される犯人については、彼にはいう言葉がなかった。ただ一つ絶対確かなことがある。それは背後でシークレット・サービスなど関与していないということだ。

（『日記』）

その後エルザー事件は、一二月にソ連軍がフィンランドに侵攻し両国の間の戦争にもっぱらメディアの注意が向けられたこともあり、国民大衆の記憶から薄れていく。またエルザーがイギリス情報部のたんなる「手先」として報道されたことで、名前も忘れられていった。忘れなかったのはもちろんナチ指導部である。彼はナチ崩壊直前の一九四五年二月、ダッハウ強制収容所に移送され、依然厳重監視下に置かれた。四月五日付の射殺命令書が到着した九日夜一一時、彼は若い親衛隊員により即座に射殺された。翌日遺体は焼却されて遺灰は風にばらまかれ、その存在も抹殺された。終戦一ヵ月前のことである。

尋問調書①——エルザーの履歴

事件後エルザーの両親は四ヵ月間拘留された。彼の死は親にも伝えられず、それが明かされるのはようやく一九五〇年になってからだという。彼は戦後も大多数の国民から爆破犯として忌み嫌われ、否定された。彼と同じくダッハウ強制収容所の特別の囚人であった告白教会指導者マルチン・ニーメラーが聞いたという「エルザーは親衛隊伍長」だとか、「ナチの手先」だという噂も流布した。そのためエルザーは無視され、歴史家たちからは「教養ある人や知識豊かな人たちに特徴的な良心との葛藤などとは無縁の、荒々しい感情的な動機」で行動した人間とみなされた。こうした見方がある一方で、それとは異なるエルザー像が明らかになるのは、ベルリンでの再尋問の調書が「現代史研究所」(ミュンヘン)の歴史家グルッフマンによって発見され、一九七〇年公表されてからである。

この調書に記された彼の履歴を示すと、以下のようになる。

一九〇三年一月四日、ヴュルテンベルク州ケーニヒスブロン近くの村でプロテスタントの敬虔な信者の母と酒好きの父の長男として出生。妹三人、弟一人がいた。母は小さな農場を維持し、父は主に木材業に従事していた。長男ゲオルクは少年期を、弟妹の面倒をみながら厩舎《きゅうしゃ》の世話と農業の手伝いをして成長する。だが酒乱の父が毎夜家族に暴力をふるい大言壮語する事態に悩まされつづけた。親しい友だちは二人だけで、彼は寡黙であった。生徒数三〇人の国民学校を終えると指物師の徒弟となり、資格をとって在宅で仕事をしたが、二五年一月にはついに不快な思い出だけしかない家を去った。腕がよかったから、自立して生きていこうとしたのである。その後結婚して家庭をもった弟妹にはやさしい兄であった。

彼はスイス国境のボーデン湖周辺の町で、臨時雇いの大工、家具づくり、時計箱づくりなどの仕事をしながらコンスタンツで暮らしていた。同地でウェイトレスのマチルデ・ビュールと知り合い、三〇年には息子マンフレートが生まれている。この間音楽好きのエルザーはチタークラブに入って演奏活動に加わる傍ら、二八年には共産党系の「赤色戦線同盟」に加入したが、会費を納入しただけで翌年には退会している。党活動に積極的に加わることも党綱領にも関心はなかったが、労働者の党であるという理由で共産党に投票した。

大不況のさなか三二年八月、彼は子どもの養育費を払う条件でマチルデと別れ、ふたたびケーニヒスブロンに戻って父母の農業と木材業を手伝い、その片手間に指物業の仕事もしている。父の借金返済を手伝うことも理由にあった。本人には借金もなく、つましい生活をしていた。その後三六年から近くの町ハイデンハイムの計器製造会社に臨時雇いとなった。会社の特別部では薬莢《やっきょう》や信管を製造しており、エルザーはその出荷部で働いている。三九年春からは郷里の採石場で働いた。彼が郷里を離れミュンヘンに移るのは三九年八月初旬である。

（『調書』）

尋問調書②――爆破の動機

ここまでのエルザーの履歴からは、ワイマル期からナチ期まで小さな町につましく生活した労働者の平凡な姿だけが思い浮かぶ。ヒトラーの誇る、労働者に注力したナチ経済やレジャーの恩恵は、彼には無縁である。注目したいのは、彼がヒトラー暗殺を決意し準備にとりかかった「一九三八年秋」という時期が、ズデーテン危機に直面して将官たちが決起を予定しながらも挫折した時期に重なりあうことである。しかも彼はただ一人で一年二ヵ月余、計画を練り準備し、そして決行した。なぜそのように決意したのだろうか。調書をもとに彼の供述の大略を述べてみよう。

私は世界全体と人間の生命が神によって創造されたと信じています。私がみるところ、ドイツ政府は現在の教会つまりキリスト教を廃棄しようとしています。ドイツ人はすべて一つの教えだけを信じて、ドイツ的キリスト者（福音派の教会のうちナチ党シンパである「帝国教会」に結集した一派）の信者になるべきだといいます。もっとも自分はその教義を直接に読んでもいないので、はっきりとはしないのですが。

ところで、私をふくめて労働者は国家社会主義革命以来、間違いなく強制された状態に置かれていると思います。たとえば労働者は希望する職場に移ることはもはやできないし、ヒトラーユーゲントのために親は自分の子どもたちを自由に育てることもできなくなった。また、親の願うように子どもに信仰心をもたせられなくなっている。これにはとくに、ドイツ的キリスト者の活動が影響しているのではないか。それで労働者は政府にひどく腹を立てていると、これまでずっと思ってきました。これはほかの誰かから聞いたことでも、いわれたことでもありません。

一九三八年秋には大方の労働者は戦争を覚悟したと考えています。このときの政治的事件とか他のことを理由に挙げて述べることは、いまはもうできません。ともかく労働者の間で大きな不安があったことは確かです。私はズデーテン問題のために「厄介なことになる」、つまり戦争になると思っていました。ミュンヘン会談のあと、戦争が避けられたと労働者は安心していたようです。しかし去年の今ごろ、私はミュンヘン協定が成立したところで、ドイツが他国にさらに様々な要求を突きつけ、戦争は避けられないと確信していました。そう確信するまで、ほかの人たちと一度も話し合いませんでした。でも外国放送を聞いていたことは認めます。

一九三八年秋以来、戦争が避けがたいのではないかという思いが、たえず私の頭にありました。どうしたら労働者の苦しい境遇を改善し戦争を避けることができるかを、必死に考えました。考えた末に、現在の国家指導部を排除しないかぎり、ドイツの状況は変わらないという結論になりました。国家指導部の首脳とはヒトラー、ゲーリンク、ゲッベルスの三人です。ナチ党はいったん手に入れた権力を手放すことはありえないと確信していました。しかしこの三人をのぞけば、党の政治目的も穏健なものになると思ったからです。

そう決心するようになるまでは、工場から火薬も機械のパーツもかすめ取ろうとは考えませんでした。その後、新聞で一九三八年一一月八―九日ビュルガーブロイケラーで恒例の党の集会があるという記事を読み、その日にあわせてミュンヘンに行き下見することにしました。

（『調書』）

エルザーの行動の真意――戦争拡大の阻止

以上のエルザーの供述をどう読みとったらいいだろう。少なくとも彼は、ヒトラーの武力外交に拍手する圧倒的な国民大衆や、侵攻命令に唯々諾々と従うだけの将官たちと異なる次元に立っていた。戦後しばらくして旧友の語った思い出によると、エルザーはナチ嫌いで「ヒトラー式敬礼」をも無視していた。ユダヤ人の迫害にも怒っていたという。彼が、ナチ支配によって信仰までも統制され、青少年もあらゆる面でコントロールされていた現実を冷静かつ批判的に見つめ、戦争の危機を洞察していたことは確かである。他の反ナチ抵抗者と同じように、彼もヒトラーがドイツを破滅させると見抜いていた。かくして彼は一身を賭して事にあたった。

そのエルザーについて、知性がないとか田舎の国民学校修了だけの学歴だとかをあげつらうのは、おかしなことである。本来、知性が問われるのも、それが健全であるか否かがまず第一である。ましてヒトラーが嫌った人間性にいたっては、名もない人びとによるユダヤ人救援活動を引き合いに出すまでもなく、学歴とはまったく別のものである。ちなみに後年カーリン・フリードリヒは、母ルート・アンドレアスをふくめ自分たちを最後まで真剣に支えてくれたのが、メンバーの一人で母の旧友、地下に潜りつづけた労働者エーリヒ・ケルバーであったことを語っている。

尋問官から、君のしたことを罪とみなすかと問われて、エルザーは答えている。「深い意味では〈否《いな》〉といいたいです。私が信じているのは、善きおこないをしようとしているのを生きて証すことができれば、いつの日か天国に迎えられるのだ、ということです。要するに、自分の行動によって、戦争でさらに多くの血が流されるのを阻止するつもりだったのです」。

そうはいっても、一人で背負うにはあまりに重い決断であった。彼はミュンヘンでの後半三カ月(八月五日―一一月六日)の準備行動のさなか、それまでほとんど行かなかった教会を頻繁に訪れては祈りをささげ、祈ったあとにいつも何かしら安らぎを感じたと語っている。つまり彼は魂の重荷を、祈りという行為で支えていた。祈りは救いになっていた。尋問官の最後の質問「八人を死なせて平気か?」の問いにも、彼は一言「平静でいられるはずはありません」と答えている。

エルザーにどうしてヒトラー暗殺の行動ができたかについては、つぎの事実を引くにとどめよう。事前に演説会場が無防備の状態にあるのを確認したこと、臨時雇いの計器製造会社で爆薬の技術と知識を習得したこと、砕石場で火薬の扱い方を観察し密かに実験したこと、ビュルガーブロイケラーの常連客として午後九時に労働者向けの夕食をとったあと物置に潜み、店が施錠されてから早朝まで三〇―三五回作業したこと、石柱内部の空洞づくりの音を消すため路面電車や外部の音に作業音をあわせたこと、三カ月の作業の最後に、時限発火の時刻を一四四時間後つまり六日後の一一月八日二一時二〇分にセットしたことである。

それほど慎重なエルザーが、国境検問所で疑われ捕まったのはなぜだろう。彼は計画と行動を誰にも話さなかったし、気づかれもしなかった。露見すれば家族や親類にも累がおよぶことを十分考えていた。そのためスイスへの逃亡経路として、事前に土地勘のあるコンスタンツの国境一帯も調べ、無人となっていたことを確認していた。だがその後九月の戦争勃発のために、国境警備が厳重になったことをエルザーは知らなかった。しかも爆発予定前日にビュルガーブロイケラーにあらためて確認に行った。このために逃亡も遅れて国境警備員に連行された。現場で取りあげられた所持品は、彼の自白によると、スイスからドイツの警察に詳細な説明文を添えて郵送し「あくまで自分

3－8　ベルリン・ゲシュタポ本部でエルザーが再現した時限爆弾装置。２個の時計で精度を高めた

一人だけの犯行の証」にしようとした品々である。だが結果は、家族や親類、関係者さらにはケーニヒスブロンの住民にまでひろく累がおよんだ。とはいえ、これ以上エルザーが「自分の軽率さに腹を立てている」とまでいう事後の行動を云々《うんぬん》するのは、本書の意図するところではない。

ただ、ここで指摘しておきたいことがある。それはヒトラー腹心のラインハルト・ハイドリヒ（ホロコースト推進の実質的責任者で特別行動隊の組織者、一九四二年六月チェコでイギリス特殊部隊により暗殺）指揮下の国家保安本部により、事件を契機にヒトラー警備体制が強化され爆薬と火器の購入もきびしく管理されるようになったことである。ヒトラー自身も生活行動を不規則にし、行動パターンが知られないようにつとめている。こうした事態が以後の暗殺計画に大きな制約となった。

3 《七月二〇日事件》と市民グループの参加

独ソ戦の開始と戦争犯罪

一九三九年九月にワルシャワを陥落させたドイツ軍は、翌四〇年四月にはデンマーク、ノルウェーを、五月にはオランダ、ベルギー、フランスを占領下におさめた。さらに翌四一年四月六日にギリシャおよびユーゴスラヴィアに侵攻後、ついに六月二二日ソ連奇襲攻撃（バルバロッサ作戦）が開始された。それはヒトラーの戦争である。つまり彼にとって独ソ戦とは、西部戦線とは異なり、生存圏の拡大とともにボルシェヴィキ（ソ連の共産主義者）と「劣等人種」を絶滅するための戦いであった。そのために民間人や捕虜の保護などの戦時法規は無視され、赤軍の政治将校（コミッサール）の即時処刑の指令のほか、ソ連住民も「敵性民間人」の括《くく》りによって虐殺の許可が出された。このために国防軍も絶滅戦争に関与することになる。

スターリンとのポーランド分割占領の約定（三九年八月の独ソ不可侵条約）を破棄した奇襲作戦は成功し、ソ連軍を撃破しつづけた。しかし当初見込まれた四一年中のソ連征服という計画はモスクワを前に「冬将軍」とソ連赤軍の反攻で阻まれ、結局失敗した。侵攻したドイツ軍三〇〇万人のうち死傷者は三分の一にのぼったが、広大な西方占領地域（ウクライナとオストラント）は確保され膨大な数の赤軍将兵も捕虜となった。食糧の現地調達による住民の虐待や餓死のほか強制労働など過酷な占領政策が始まり、捕虜の虐殺もおこなわれた。侵攻から半年間で捕虜の半数以上の一四〇〇万人が、戦場で即処刑されるか、野外捕虜収容所で戦病死か餓死、ドイツ兵に防寒服を奪われて凍死したとされる。

さらに前線後方の制圧地域では、すでにポーランド戦でもとられた残忍な人種殲滅《せんめつ》が徹底

3－9　自分たちの墓穴を掘らされるユダヤ系住民たち

して実施された。それは特別行動隊の活動であり、たとえばウクライナでは熱狂的な反ユダヤ主義の対独協力者も加担し、ユダヤ系住民やシンティ・ロマ人が開戦九カ月間で七〇万人以上大量殺戮されたという。この種の残虐な記録写真はいまなお数多く保存展示されている。殺戮の状況を武装親衛隊員に混じってその補充要員の一六、一七歳のヒトラーユーゲント団員たちが凝視している姿をみると、それこそ文豪ゲーテを生み育て、人間性の理念を謳った文明国家ドイツとは真逆の、度外れな犯罪というほかない。ホロコーストは始動していた。

すでに開戦一カ月後にはヒトラーユーゲント団員は防空壕づくりや野戦病院の補助業務など銃後の活動に動員され、軍事教練を全面的に負わされていた。四〇年八月シーラッハに代わって全国指導者になったA・アクスマンのもとで青少年たちは全面的に戦争計画に組み込まれた。そのための組織ヒトラーユーゲントであったのだから。四四年夏以降には、兵員不足を補うためにろくな訓練も装備もなく、武装親衛隊指揮下の少年兵（一六歳―）として戦闘に投入されただけでなく、本土防衛のための「国民突撃隊」（召集されていない一六―六〇歳男子全員に義務化）にも動員された。ちなみに四四年六月、対連合軍のフランス戦線に投入されたヒトラーユーゲント戦車師団は、死傷者六万人におよんだという。ヒトラーは青少年をナチ思想とそれを実行する行動隊に染めたあげくに無意味な死に追いやった。そうした彼が最後にベルリンの総統地下壕から出て姿をみせたのは、自殺直前の四月二七日、少人数の青少年に激励の言葉をかけるためである。

東部戦線だけではなく、中欧・南欧諸国での暴虐も枚挙にいとまがない。たとえば国防軍防諜部の外国課で確認された報復活動の事例として、モルトケは四一年一〇月二一日怒りをこめて伝えている。

セルビアの一地区の二つの村が焼き払われ、男性一七〇〇人、女性二四〇人の住民が処刑されました。三人のドイツ兵士が襲われたことへの報復であったそうです。またギリシャでは一つの村で二四〇人の男が射殺され、村は焼き払われました。女子どもたちを一カ所に集め、夫や父を亡くし住居を失った彼らを嘆き悲しませて去っています。こうして日々一〇〇〇人以上の人びとが殺され、一〇〇〇人余のドイツ人も殺人を何とも思わなくなっています。しかしこうしたこともポーランドやロシアで起こっていることにくらべると児戯に等しいのです。

（妻フライア宛ての手紙）

長期化する独ソ戦と将校たちの怒り

右のような捕虜や無力な住民の殺害はむろん戦争犯罪である。ましてホロコーストと一体化したヒトラーの戦争指揮は、巨大な国家犯罪であった。しかも日独伊三国軍事同盟のもと、一九四一年一二月八日の日米開戦をうけたヒトラーの対米宣戦布告（一二月一一日）によって、戦況の見通しは暗転した。ヒトラーはこの世界最強国とも戦いになるのを想定していたから、独ソ戦も一九四一年中に片をつけるつもりであった。だがいまや独ソ戦は長期化が避けられず、消耗戦となっていた。おのずと将兵の心はすさんだ。人種の絶滅戦争という性格によって倫理感が蝕《むしば》まれる一方で、最高指導者ヒトラーにたいする信頼は薄れ、批判が広り憤りも深まっていた。前線で国家的な犯罪に加担しつづけることを恥辱とする国防軍将校たちの間に、軍人としての服従と忠誠の建前のかげで、ヒトラー打倒の機運が高まるのも自然な成り行きであった。

一方、無辜《むこ》の住民の虐殺に耐えきれず、命令を拒否する兵士たちが脱走兵の道を選ぶのも、これまた自己の良心にもとづく決死の行動であっただろう。ヒトラーの「兵士は死ぬことがあるが、脱走兵はすべからく死なねばならない」の言葉に従って、多くは戦時軍法会議で即決処刑された。旧ポーランド領側ザクセン管区のトルガウの軍刑務所では、四三年から終戦時までに一〇〇〇人が処刑されたという。脱走兵は理由を問わず「裏切り者」であり、厳罰に処せられた。ベルリンの《エミールおじさん》グループによる東部戦線の脱走兵をかくまう活動も、こうした状況のなかでおこなわれていた。

独ソ戦は「ユダヤ的ボルシェヴィズム」の殲滅という、ヒトラーの歪《ゆが》んだ人種・世界観に発した絶滅戦争であった。総統ヒトラーを排除する以外に終戦の道はないという認識もそこから生じた。ところが一九三八年の「九月陰謀」の挫折以来、将軍たちに気骨はなく、忠誠を誓った最高指揮官たる総統に反逆することなど、思考の範囲を超えていた。ヒトラーに批判的な将官の幾人かは、直言しようと思っても彼の潤んだ目にじっと見つめられると、気が萎《な》えてしまうという体験を伝えている。強烈なカリスマ性が相手を威圧してしまうのだろうか。

トレスコウ一派の暗殺計画

そうはいっても、必要なのは無意味な戦争を終わらせようと行動する勇気、固い信念をも

3－10　トレスコウと家族たち（1942年夏）

つ軍人である。独ソ戦の主力となった中央軍集団の首席作戦参謀大佐ヘニンク・フォン・トレスコウ（一九〇一―四四、七月二一日自決）は、反ヒトラーの青年将校たちの衆望に応えその首謀者となった。軍人輩出のプロイセン貴族出身で、ヴェルサイユ条約の破棄を叫ぶヒトラーの台頭を歓迎したトレスコウではあったが、はなから人種政策を拒否していた。さらに独ソ戦の戦時法規無視の指示にも激しく反発していたが、彼にヒトラー打倒を決意させたのは、戦争と一体化したユダヤ人大量殺戮であった。この事実を知りながら阻止しなかったことに、強い罪の意識があった。すでに何度か彼は事の重大さを高位の将官にも訴えている。だが、埒《らち》があかなかった。

結局、トレスコウは若手参謀将校たちをまわりに集め、一九四二年になると陰謀の準備を始めた。副官に任じた従兄弟の法律家ファビアン・フォン・シュラーブレンドルフ中尉（一九〇七―八〇）は、彼の有力な相談相手となっただけでなく、反ナチグループとの連絡にも重要な人物となった。

そうしたなかヒトラーに死守を命じられたスターリングラード攻防戦で、四三年二月ドイツ側（枢軸国軍）は大敗し、戦況も悪化していた。兵力、兵器の消耗は甚大であった。ドイツ側は死傷者・捕虜八五万人、ソ連側は民間人をふくむ死傷者・不明者一二〇万人におよぶという。なお、このとき投降したW・フォン・ザイトリッツ・クルツバッハ将軍（一八八八－一九七六）をはじめとした将官や将校たち九五人は九月にモスクワで「ドイツ将校同盟」を結成して共産党員E・ヴァイネルトを議長とした「自由ドイツ国民委員会」に合流し、即時停戦を訴える反ナチ抵抗グループとして行動していく。

この敗戦をきっかけに、東部戦線でドイツ側は日々幾千の兵士が死傷し、強制・絶滅収容所で数万人を虐殺しながら後退していく。これを止めるのはヒトラーの死だけであった。トレスコウは若い同志たちに語っている。「いまやドイツと世界とを史上最大の犯罪者から解放するためには、幾人かの罪少なき人びとがその命を賭けて行動すべきなのだ」。トレスコウたちの行動例を挙げてみよう。

東部戦線視察時のヒトラー射殺（四三年三月一三日）、同日のヒトラー搭乗の専用飛行機の爆破、ベルリン武器展示会場での自爆（同二一日）などである。射殺は中央軍集団クルーゲ司令官の反対、爆破はイギリス製時限爆弾の不具合、自爆はヒトラーの予定変更で失敗した。

だがこうした表面上の理由以上に、選《え》りすぐりの親衛隊員からなる警備隊にはエルザー事件の経験が活かされており、ヒトラーを狙《ねら》う敵国とくにイギリスの特殊部隊の行動もたえず考慮された。ヒトラーの身辺警護が厳重になり、彼も公に姿を見せるのを最小限にとどめた。側近以外はヒトラーに会えなくなり、普通の将官や上級将校も面会には拳銃《けんじゅう》所持や帯剣を禁じられ、軍部内でも爆薬類が一キログラム単位で厳格に管理された。そのため時限爆弾は容易に準備できなくなった。のちにシュタウフェンベルクがやはりイギリス製爆弾を使用するのも、こうした理由があるのだろう。しかも戦況の悪化につれて総統ヒトラーはますます閉じこもったから、標的とするには遠い存在になった。

スターリングラード戦の敗北に国民の衝撃は大きかったが、総統の戦争指揮の誤りや責任を問う声が表面化することはない。一方、国防軍反ナチ将校による暗殺計画も内部に秘められていた。この点でトレスコウたちの暗殺計画と、《白バラ》グループがユダヤ人大量虐殺に沈黙することを罪とし、さらにスターリングラード戦大敗を契機にヒトラー打倒の決起を訴えた行動とは、時期的重複もさりながら、陰と陽の関係にあった。

トレスコウには、もはや総統ヒトラーに近づく機会はなかった。彼には四四年六月以降、ソ連軍最大の反撃（バグラチオン作戦）で崩壊した戦線を立て直すという絶望的な仕事があった。信頼をよせるシュタウフェンベルクに後事を託すほかなかった。四四年六月連合軍の北フランス上陸によってドイツの敗戦と占領が避けられなくなった状況のなか、つまり政治的には意味がほとんど失われているなかで、あえて暗殺することの意義を問うシュタウフェンベルクに、トレスコウはこう伝言している。

どんな犠牲を払っても暗殺はおこなわれねばならない。万一それが成功しなくとも、ベルリンでクーデターを断行する必要がある。なぜならもはや実際的な目的が問題ではない。そのことよりも、むしろ世界と歴史とを前にして、ドイツの抵抗運動が命がけであえて決定的な行動に出たということが重要なのだ。その他のことは、すべてどうでもよい。

（『反ヒトラーの将校たち』）

トレスコウについては「ドイツ人による抵抗運動に脈打つ良心の行動」と解釈されている。さらに後年、長女のウタ・フォン・アレティンは語っている。「父はもう一つのドイツがあることを世界に示そうとしたのです」。軍人シュタウフェンベルクはその「もう一つのドイツ」のために命を投げ出した。

シュタウフェンベルクの登場

クラウス・フォン・シュタウフェンベルクが反ヒトラーに立ち上がった時期は比較的遅い。南独シュヴァーベンの名門伯爵家の三男として生まれ、シュトゥットガルトのギムナジウム時代に青年たちの偶像的な詩人ゲオルゲに傾倒したクラウスは、むしろヒトラーを歓迎した一人である。彼は反ユダヤ主義者ではなかったが、民族共同体と一体化した指導者原理や私益に優先する公益というナチスの主張に共感していた。ハノーファー騎兵学校を首席で修了後、ポーランド戦、フランス戦にも武勲をたて、陸軍参謀本部の少佐に昇進したのは一九四一年一月、三三歳のときである。

こうした国防軍期待のエリートが反ヒトラーに転向した決定的な要因は、やはり独ソ戦の、捕虜の殺害や民間人・ユダヤ人の大量虐殺にあった。すでにポグロム以降、反ナチの叔父（母の弟）ニコラウス・フォン・ユクスキュル＝ギレンバント退役大佐（一八七七―一九四四、刑死）は、再三ナチ政権の犯罪的性格を彼に伝えていた。やがて徐々にシュタウフェンベルクはヒトラーを危険視するようになったが、軍人としてどう行動すべきかに迷いがあった。それが変わるのは、トレスコウとの出会いにより大量虐殺の実態を知り、ヒトラーの戦争指導が祖国ドイツを破滅させると信ずる四二年春ごろである。

同年夏以降になると、シュタウフェンベルクはヒトラー排除について「私が実行してもよ

3－11　クラウスと子どもたち。左からベルトルト、フランツ・ルートヴィヒ、ハイメラン（1940年）

い」とまで公言するようになった。もちろんそう決意するまでに、敬虔なカトリック信者として苦悩に苛まれた。愛国のためとはいえ、弑逆《しいぎゃく》の行動であることに変わりはない。だが彼は決断した。課された忠誠の誓いも、ヒトラーがすでに国民と軍隊を裏切った事実からすれば拘束されないと整理した。彼もトレスコウと同じく、行動するよう有力将官たちに働きかけたが、やはり無駄であった。高位の将官ほど逃げた。要するに、手を汚したくないということだ。

シュタウフェンベルクは自らの言動が自他ともに災いをもたらすことを危惧したのだろう。志願して四三年二月、ベルリン参謀本部から北アフリカ戦線に移った。だが四月チュニジアの砂漠で作戦中、彼の車列が敵戦闘機に銃撃され、彼は右手首上部、左手の小指と薬指、左目を失う重傷を負った。

本来であれば重篤な傷病兵として退役すべきであったが、彼は四三年九月不屈の意志で障害を乗りこえ軍務に復帰した。ベルリンの国内予備軍一般軍務局参謀長のポストである。シュタウフェンベルクを引き立てた局長は、彼と同時に処刑された反ナチのフリードリヒ・オルブリヒト大将である。それまで軍部反ヒトラー派の連絡調整をしていたのはオスター少将であったが、四月腹心のドホナーニがボンヘッファーとともに、偽装工作によってユダヤ人たちのスイス亡命を助けたことがゲシュタポに発覚し、彼も責任を問われ防諜部を追われていた。軍部によるヒトラー排除計画は始動することなく、自国の敗色は濃厚となっていた。

こうしたなかで、シュタウフェンベルクはクーデター計画の中心的役割を負うことになった。というのも、彼のポストである一般軍務局参謀長は、国内暴動を鎮圧する国内予備軍の緊急動員計画（暗号名「ワルキューレ作戦」）を扱っていたため、クーデター開始にあたって軍の正規の作戦行動のようによそおうことができたからである。ベルリンに一時滞在していたトレスコウがシュタウフェンベルクとこの計画を練ったのは、八月から九月にかけてのようだ。トレスコウは、これまで失敗した数度の暗殺計画のいきさつを伝え、一連の計画がナチ体制の対案を想定する周到な計画ではなかった、と反省しながら語ったという。ヒトラー以後のドイツを考えることは、連合軍側に向き合うためにも必要であった。

ここにシュタウフェンベルクがゲルデラーなど一部の大物反ナチ市民だけでなく、幅広い社会層の代表たちと接触し彼らと連携しようとする理由があった。反ナチ市民グループにしても思いは同じであり、むしろ待ち望んだことであったろう。

参謀長としてのシュタウフェンベルクは忙しかった。戦況をみきわめ交代要員を送るなどの本務に加えて、クーデター計画を練り軍部内外の抵抗グループの主だった人びとと話し合う必要があった。そのため補佐役にはとりわけ有能な人物を要した。彼がよく知る外務省のトロット参事官を介して、同僚ヘフテンの弟、法律家で司令部付き将校ヴェルナー・フォン・ヘフテン中尉（一九〇八—四四、七月二一日刑死）を充てたのもそのためである。以後二人は無二の友として大車輪で「ワルキューレ作戦」を具体化する動員計画の詳細と要領をつくっていく。

モルトケとシュタウフェンベルクの出会い

モルトケは一九四一年の冬、ナチ政権崩壊後の協力について人づてにクラウス・シュタウフェンベルクに打診していた。モルトケの同志で兄のベルトルトは、弟クラウスの考えをこう伝えたという。「クラウスと話したが、彼は、まず戦争に勝つのが先決だ。戦争中にそういったことはできない、ボルシェヴィキとの戦争中はなおさらだ。だが帰国したら、褐色の疫病（大虐殺をすすめるウクライナ総督のようなナチの高官たち）を片付けよう、こういっていた」。モルトケがこの言葉をどう受けとめたかは不明だが、両者に隔たりがあったことは確かである。モルトケはドイツの敗北を確信し、ヒトラーを前に沈黙する将軍たちのクーデター実行を信じてはいなかった。防諜部でその有様を間近に見てきたからである。彼には、シュタウフェンベルクが栄光であると誇った独仏戦の勝利を「悪の勝利」と表現するほど、ヒトラーの私兵になりさがった国防軍への不信の念があった。

だがシュタウフェンベルクも、トレスコウから仔細《しさい》に巨大な戦争犯罪を知るにおよんで、大きく変わった。彼はたんなるエリート軍人ではなかった。もともと知性と教養溢れる行動の人ではあったが、ヒトラー打倒の目的につきすすんでいた。四三年九月には戦争の敗北が避けられないと彼も予想した。ヒトラー後のドイツに向けて多様な反ナチグループ、とりわけ弾圧に耐えてきた左翼系、労組系の活動家たちと対話することを彼は求めていた。九月一七日ヨルク宅でシュタウフェンベルク、トレスコウと話し合うことで、モルトケも彼を評価するようになったようだ。

《ゲルデラー・サークル》と《クライザウ・サークル》の会合

すでに一九四三年一月八日、ヨルク宅で彼の友人である元上級行政官・予備役中尉ディートロフ・フォン・シューレンブルク（一九〇二―四四、刑死）を立会人に、《ゲルデラー・サークル》のベック、ハッセル、プロイセン蔵相ポピッツ、予備役大尉イェンス・イェッセン

（ベルリン大学の経済学者、一八九五―一九四四、刑死）と、《クライザウ・サークル》のモルトケ、トロット、ヨルク、オイゲン・ゲルステンマイアー（福音派神学者、一九〇六―八六、四四年逮捕、七年の禁固刑）による新旧世代の会合がもたれている。

会合では、両者は人間の尊厳や法の支配の原則をかかげることでは一致していたが、とくに国民意識を刷新するにあたって何を基本に据えるかで違いがあった。《ゲルデラー・サークル》が帝政期以来の「国民国家」（文化的・民族的な同一性にもとづく国家）を大義にして伝統的な、旧来の価値に立ち戻ることを主張するのにたいし、《クライザウ・サークル》はヨーロッパ的視野にたって、ホロコーストがその国民国家ドイツの名でおこなわれている事実に照らし贖罪《しょくざい》の自覚から出発すべきだと考える。両者の立ち位置は最初から違っていた。《クライザウ・サークル》の考えは次章で述べるからこれ以上触れない。ここで《ゲルデラー・サークル》の考えについて補うと、そうした保守主義的な立場のために、戦況不利な一九四三年の時点でも、なおドイツが植民地の所有をふくむ第一次世界大戦前の領土を確保し、スターリン共産主義にたいして西側の防波堤になろうという外政面の主張も出された。《クライザウ・サークル》の考えとは大きな隔たりがあった。会合は激して決裂しかけたが、互いに歩み寄りクーデター後についてはゲルデラーを暫定的に新政権移行中の首相に、ベックを元首とすることで一致している。

一方、《クライザウ・サークル》の人びとはモルトケをはじめとして、人事ポストには当初意欲がなかったという。その後、諸グループ間の話し合いのなかで、文相候補にライヒヴァイン、首相府次官候補にヨルク、外務省の有力ポストにトロット、ヘフテンの名前が登場してくることになった。

シュタウフェンベルクの立場

シュタウフェンベルクの暫定政府案にかんする立ち位置はどうかというと、着任後の一一月ベックとゲルデラーから渡された案については保留とし、あらためて彼自身も議論に加わることを伝えている。実際、この後一一月末まで、ベルリンで彼はこの問題について多くの人びと、たとえばゲルデラー以外にベック、ハッセル、ポピッツなど《ゲルデラー・サークル》の主要メンバーをはじめ、イェンス・イェッセン、強制収容所経験のある元全国労働組合連盟代表・元ヘッセン邦内相ヴィルヘルム・ロイシュナー（一八九〇—一九四四、刑死）、その同僚ヘルマン・マース（一八九七—一九四四、刑死）、《ケルン・サークル》の元キリスト教労組幹部・元中央党国会議員ヤーコプ・カイザー（一八八八—一九六一、地下に潜って助かる）など左翼系や元労組の活動家たち、さらに《クライザウ・サークル》の一員で告白教会の指導者ヴルムの側近オイゲン・ゲルステンマイアーとも話し合う機会を設けている。

シュタウフェンベルクはこの一連の話し合いをつうじて、ゲルデラー中心の暫定政府案に疑問をもった。それ以上にポピッツを財務相か文相の候補とすることに強い疑念をいだいた。というのもポピッツは、親衛隊長官ヒムラーの弁護士ラングベーンを仲介に一九四三年八月二六日ヒムラー自身とも会い、彼を取り込んだ英米との講和を画策していたからである。ゲルデラーやベックの同意を得てのことだという。だがヒムラーはヒトラーに対抗することの危険を感じ取ったためか、結局これを断り、九月には仲介者ラングベーンとその妻、秘書たちを逮捕拘禁させ自分の形跡を消している。またポピッツもゲシュタポの厳重な監視下に置かれたことを告げ知らされ、グループから身を引くほかなかった。

シュタウフェンベルクがゲルデラーの暫定案に疑問を投げたのは、旧来の政治家たちの弄《ろう》する危険な策に相容《あいい》れないものを感じたせいもあっただろう。そうした状況のなかで、適切な助言者が自分に必要だと、彼は痛感していた。ヨルクの紹介で《クライザウ・サークル》の新たな同志、ユリウス・レーバー（一八九一―一九四五、一月五日刑死）を知りえたことが、シュタウフェンベルクにこの上ない好機となった。

ユリウス・レーバーと連携するシュタウフェンベルク

レーバーを《クライザウ・サークル》に引き入れたのはライヒヴァインであった。彼はす

3－12　レーバー夫妻（1929年）

でに一九四三年一〇月以来モルトケたちと知己の間柄であったが、メンバーの元社民党系労組代表兼国会議員カルロ・ミーレンドルフ（一八九七―一九四三）が一二月四日のライプツィヒ大空襲で急逝したため、その代替メンバーとなっていた。レーバーは強制収容所釈放後、ベルリン中心部シェーネベルクで同志の元社民党国会議員グスタフ・ダーレンドルフ（一九〇一―五四、四四年に逮捕され、七年の禁固刑）と石炭販売業を営み、反ナチグループを組織していた。ひろい人脈をもつ彼は、ゲルデラーのグループや軍の反ヒトラー派とも接触していたし、シュタウフェンベルクについても知っていた。

レーバーはシュタウフェンベルクより一六歳年長であったが、二人はすぐにお互いを理解した。レーバー自身は農民出身、第一次世界大戦中二度の負傷をして名誉勲章をうけ少尉に昇進した人物であった。フライブルク大学で政治学博士号取得後、『リューベック国民新聞』の編集長を経て軍事畑の国会議員として出発し、社民党屈指の政治家となった。彼を師と仰ぐ青年ヴィリィ・ブラント（本名ヘルベルト・フラーム）の北欧亡命を助けながらも、彼自身は亡命しなかった。全権委任法に徹底的に反対した彼を待っていたのは、三七年五月まで五年余の過酷な刑務所、強制収容所生活である。とくに最後の半年間は酷寒のなか、暗室拘禁の独房三ヵ月、毎夜毛布も板張り寝台もなく、地べたに寝る重禁固三ヵ月を強いられた。そうした状況にあっても妻と二人の子どもに乱れかすんだ文字で便りが送りつづけられたと、妻アンネドーレ（一九〇四―六八）は語っている。妻はリューベックの元ギムナジウム校長の娘で、洋裁師として生活を支えながら、ベルリンに来ては釈放嘆願書をゲシュタポに提出している。耐えぬいたレーバーは、精神的にいっそう逞《たくま》しく動じない反ナチの不屈の闘士となっていた。彼自身はシュタウフェンベルクと同じように熱心なカトリック信者（妻は福音派）であり、行動の人でもあった。レーバーは強調する。いま必要なのはヒトラーの戦争の早期終結であり、それは出征した圧倒的多数の労働者たちの無益な犠牲と大量殺戮を阻止するためでもある、と。

レーバーの語る苛烈な来歴にシュタウフェンベルクは感動し、その主張にも魅了された。戦争を一刻も早く終わらせることこそ、自分の使命と感じていたからである。以後レーバーは彼が心から信頼できる助言者、代弁者となった。夫を支えたアンネドーレによると、二人は性格もまったく同じであった。シュタウフェンベルクの妻ニーナ（一九一三―二〇〇六）

も「夫は（暗殺計画については）一切話さなかったが、レーバーは偉大な人物だと非常に高く評価していた」と回想している。

モルトケの逮捕

シュタウフェンベルクがレーバーと出会ってまもない一九四四年一月一九日、ゲシュタポによるモルトケ逮捕という衝撃が走った。当初、逮捕の嫌疑は《ゾルフ・サークル》に出入りする外務省の反ナチの友人キープに逮捕の危険を伝えたというもので、比較的軽い嫌疑であった。だがナチの戦時国際法違反についてモルトケが批判していたことなども知られ、以後釈放されることはなかった。

逮捕の知らせはハンス・ペータースをつうじて《エミールおじさん》グループにも伝えられた。モルトケの妻フライアは、ルートやレーオ、その他グループ中枢の人びとと相談を重ね、モルトケの救出、ゲシュタポ長官への助命嘆願の活動を処刑直前までつづけている。つぎのような逸話もある。モルトケが一〇月以降テーゲル刑務所に収監中、ペルヒャウが出入りの家具業者と渡りをつけて、空の棺《ひつぎ》を用意しモルトケを脱走させようとしたが、二メートルを優に超す長身のために棺に納まらず断念したという。

《クライザウ・サークル》はヨルクが引き継いだ。だが問題が残っていた。クーデター計画のなかのヒトラー暗殺の是非についてである。モルトケをふくめメンバーの大半は、ヒトラーとその一派が軍部によって拘束され、正式な裁判でその責任を問われることを期待していた。さもないと法の裁きを欠いた暗殺により、暗殺者側が裏切り者呼ばわりされるだけでなく、ヒトラーが殉教者として神格化され、法治国家としてドイツが再出発する妨げになると思われたからである。

一方で、モルトケ逮捕が今後どのように展開するか不明であったため、クーデター計画は急がねばならなかった。暗殺計画も幾度か練ってきた。こうした事情からモルトケ逮捕の夜、シュタウフェンベルクがヨルク宅を訪ねて説得した。クーデターの成功のためにはヒトラー暗殺がどうしても必要である、と。

倫理的な動機はもちろん市民グループにとってヒトラー打倒の主たる動機であった。だが、決断を迫られたのは、それと真逆の行動を認めるか否かということである。彼らも苦悩した。だが、空襲が激しくなり国土が日々荒廃していく事態に加え、ドイツ未曽有の国家的犯罪がおこなわれている現実を前にして、ようやく暗殺計画に同意した。ほとんどの妻たちもXデーを知った。告白教会の敬虔な信徒ヘフテンの妻バルバーラ（一九〇八―二〇〇六、ワイマル期の外相の娘）は語っている。「夫は同意することが罪だと思っていました。でもたとえ計画が失敗に終わっても、そう決断するほかなかったのです」。

暫定政策綱領の作成

こうしてモルトケの逮捕後、ヨルクが指導しレーバーが守《も》り立《た》てながら、《クライザウ・サークル》は他のグループとともに、シュタウフェンベルクのヒトラー暗殺をふくむクーデター計画に加わっていく。

クーデターを実行するからには、暫定的な政府・政策案が必要となる。すでにゲルデラーからはシュタウフェンベルクにゲルデラーの案が渡されたが、あらためて案の作成をシュタウフェンベルクは求めていた。ユリウス・レーバーの助言もそのためにあった。レーバー自身はミーレンドルフの代役であったから、モルトケ逮捕前後のグループの小規模な会合に五回参加しただけで、グループの戦後プランの作成には直接関わってはいない。モルトケはレーバーを「思考する作業より、活動的領域で能力を示す人物」と評しているが、たしかにレーバーは思想集団の性格が強かったグループを直接クーデター計画にいざなうには適役であり、シュタウフェンベルクとも意気投合していた。

そうした二人がヒトラー以後の指針として話し合ったのは、基本的人権と法治主義の原則を大前提にするものの、まず国民大衆を倫理的に立ち直らせ、漸進的に国家改造をはかることにあったという。この問題は次章で《クライザウ・サークル》に焦点づけて、述べることにしよう。

ともあれグループ代表たちはこうした基本方針をめぐって幾度も密議し、様々な暫定綱領案も作成されたが、詳細は不明である。今日残されているのは、ナチ政権を弾劾する声明文書のほか全一二項目の「政策綱領」であり、その概要は以下のようになっている。

①法の尊厳の回復・強制収容所の解体　②道徳の回復・ユダヤ人迫害の即時停止　③偽りのプロパガンダへの反対　④思想・良心・信仰・表現の自由の回復　⑤キリスト教的・宗教的基礎にたつ教育　⑥行政の刷新　⑦新たな憲法　⑧自給自足経済に代わる完全な経済的自由の再建　⑨社会政策の充実　⑩無駄遣いのない秩序ある公共予算の改革　⑪祖国防衛のみを目的とする軍事　⑫平和秩序の修復

（『ドイツにおけるナチスへの抵抗一九三三―一九四五』）

こうした政策綱領が作成される以前の一九四二年一一月ごろから、連合国側との停戦を求めて、外務省のトロットやヘフテン、防諜部のハンス・ギゼヴィウス（一九〇四―七四）たちの対英米工作が、アメリカ軍諜報部（CIAの前身）アレン・ダレス（一九五三年、アイゼンハワー大統領のもとで文民初のCIA長官となった）の常駐するスイスやスウェーデンで密かに重ねられていた。米英諜報部はクーデター計画についても知っており、ダレス自身は暗殺計画にも賛成していたという。だが英米の無条件降伏の要求（「カサブランカ会談」一九四三年一月）は、戦争の帰趨《きすう》がはっきりしてくるにつれ、揺るぎないものとなった。

抵抗者たちが接触しようとしたチャーチルやルーズベルトの頭には、ヒトラーのドイツを徹底的にたたき潰すことだけがあった。逮捕一カ月前にトルコのイスタンブール出張から帰ったモルトケも、連合国のこの方針を確認したと妻フライアにがっかりした様子で語っている。もはや停戦でもヘフテンの願うような「整然とした降伏」でもなかったのである。

シュタウフェンベルク研究者のツェラーによると、四四年五月半ばに反ナチの弁護士としてユダヤ人救援にも関わっていたヨーゼフ・ヴィルマー（一九〇一―四四、刑死）宅でゲルデラー、レーバー、カイザー、シューレンブルクが協議した。彼らには国防軍の行動が遅すぎたことが今日の事態をまねいたという怒りがあった。激論の末、「軍部との関係を維持し、また軍部そのものが崩壊したばあいに備えた新政府と政策を定めること」で一致したという。

シュタウフェンベルク最後の行動

こうしたなか六月一七日、シュタウフェンベルクは大佐となり国内予備軍司令官の参謀長に任命された。すでにワルキューレ作戦の準備はできていた。ところが、ヒトラーに接する立場にあった参謀本部編成部長シュティーフ大佐（一九四四年一月少将、四五年刑死）が前年に爆殺を志願していたにもかかわらず、長期の緊張で気が萎えてしまい、脱落した。条件を満たすのは新参謀長シュタウフェンベルクだけである。だが彼はベルリンで指揮をとる計画全体の責任者であり、しかも重度の傷痍軍人であった。それが暗殺の実行者になるほかなかった。

七月五日シュタウフェンベルクに最悪の知らせが入った。ライヒヴァインとレーバーが昨日、今日相次いで逮捕されたと。二人にはそれぞれ陰の文相、内相の候補者の役割も期待されていた。

反ナチグループ全体には、終始一貫してスターリン共産主義にたいする強い警戒心があった。独裁のために反対派の粛清を重ねるスターリン・ボルシェヴィズムに支配されるよりは、英米連合国に降伏したほうがよい、と。だが戦後ドイツに占めるソ連の役割の大きさは否定できないとみて、二人は反対を押し切って共産主義者グループのアントン・ゼーフコフ、フランツ・ヤーコブら地下指導者たちと会った。ところが彼らのなかにゲシュタポの密偵が潜んでいたため、逮捕されたのである。トロットに口走ったというシュタウフェンベルクの言葉が残っている。「われわれにはレーバーが必要だ。私は彼を助け出す。きっと助け出すぞ！」。

3－13　決行5日前ヴォルフスシャンツェでヒトラーに会うシュタウフェンベルク（左端）

同志たちは逮捕された二人の毅然とした姿勢を疑わなかったが、いずれにしても猶予はなかった。もはやトレスコウから伝えられた言葉を行動に移すだけである。しかもシュタウフェンベルクが全責任を負うというかたちで。

シュタウフェンベルク大佐はヒトラーに六月七日以来五度会っている。六月七日は司令官フロム大将に同行し、南独オーバーザルツベルクのヒトラーの山荘（ベルクホーフ）ではじめてヒトラーに面会した。七月六―七日には、「ワルキューレ作戦」の説明のとき、ついで翌日のシュティーフ少将主宰の制服説明会のときに会った。彼は七日に爆殺を計画していたがシュティーフに反対され未遂に終わった。七月一五日には、総統本営の一つ東プロイセンの山中ヴォルフスシャンツェで会った。だが爆殺計画はヒムラーたち大幹部の不在を理由にしたベック、オルブリヒトらの中止の指示で、実行できなかった。

そしてついに七月二〇日朝七時過ぎ、シュタウフェンベルク大佐は副官ヘフテン中尉をともないベルリンを飛び立ち、一〇時一五分ラステンブルク飛行場着陸後ヴォルフスシャンツェに車で向かった。一二時四〇分過ぎ、総統の席近くで時限爆弾は爆発した。

だが決死の行動は、ヒトラーの軽傷で幕を閉じた。ヒトラーの威令は不変であった。謀議の拠点であったベルリン・ベンドラー通りの国防軍統合司令部中庭で同日夜一一時過ぎ、ヘフテンに庇《かば》われるようにシュタウフェンベルクは射殺された。彼の最期の叫びが建物中に響いた。「神聖なるドイツよ、万歳!」。

第四章　反ナチ抵抗市民の死と〈もう一つのドイツ〉

1　ヒトラーの報復・民族法廷・「最期の手紙」

ヒトラーの報復命令と国民の支持

一九四四年七月二〇日に決行されたヒトラー暗殺の軍事クーデターは、ヒトラー生存の事実によってその日のうちに瓦解《がかい》した。連携して決行されたシュテュルプナーゲル将軍たちのパリ、ウィーンでのクーデターも失敗した。同日夜一一時過ぎにはベルリンでベックの自決後、オルブリヒト大将、シュタウフェンベルク大佐、副官ヘフテン、メルツ・フォン・クヴィルンハイム大佐の四人が処刑された。当日夜から幾度も予告されていたヒトラーの談話は二一日午前一時から全国放送された。憎悪と報復の念に満ちたその前半部分を紹介しよう。

国民同胞の諸君！　これまで何度私の暗殺が企てられ実行されたかは知らないが、今日、わが国民同胞に語るのは二つの理由からだ。私自身が元気であることを、この声を聞いて知ってもらいたい、ドイツ史に稀《まれ》な犯罪があったことをわかってほしい、この二つである。野望に飢え卑劣で許しがたい愚かな将校たちの一握りの輩が、私を倒しドイツ国防軍最高司令部を転覆しようとしたのだ。シュタウフェンベルク大佐が私の右側二メートルのそばに仕掛けた爆弾のために、忠実な幕僚たちが重傷を負い、一人が死んだ。だが私自身は無傷であり、これを恩寵と受けとめてこれまでどおり生涯の目標に向かって邁進《まいしん》していく。（中略）連中は犯罪分子のちっぽけな一味にすぎず、今後情け容赦なく一掃されるであろう。

ただちにヒムラー直属の国家保安本部を指揮するカルテンブルンナーを責任者に、「一九四四年七月二〇日特別委員会」がゲシュタポ局に設けられた。一一部門総勢四〇〇人の捜査チームによる逮捕者数は、九月までに七〇〇〇人にのぼる。ヒトラーの強調した「一握りの輩」とか「犯罪分子のちっぽけな一味」とは違って、膨大な数字である。逮捕者は事件に関与した人びとだけではない。事件とは無関係な、元ケルン市長アデナウアー（戦後西ドイツの初代首相）のような亡命しなかったワイマル期の中央党の著名人や元社民党の有力者、労組員、元共産党員、さらに事件関与者の親族、対ソ戦で捕虜となった将校たちが結成した「自由ドイツ国民委員会」の近親者にまで対象が拡大された。逮捕者はドイツ全土からいったんベルリンに連行された。ちなみに七月三一日ルート・アンドレアスも「不穏な言動」の疑いがあるとゲシュタポに密告されたが、機先を制して自らゲシュタポに出頭し、激しく不満を訴えることで、難を逃れている。九月には「エミールおじさん」の別名をもつヴァルター・ザイツも手配書に載り、地下に潜っている。

だがこれほどの大量検挙のために、軍上層部だけでなく市民層のかなりの規模の反体制グループが暗殺計画に同調していた実態が明らかになった反面、事件とは無関係な多数の人びとの拘禁がかえって人心の動揺をまねくという声がナチ幹部からこぞって出されるようになった。これを危惧したヒトラーの指示で、以後事件の報道は抑えられ、大半の逮捕者も二―四週間で釈放されている。

ヒトラーの危惧は事件にたいする国民世論をみるかぎり杞憂《きゆう》であった。むしろ広範な層にヒトラーへの同情と謀反人への憤激が沸き上がっていた。ヒトラーがラジオ談話で煽った「一九一八年（第一次世界大戦の敗北）のときと同じような背後からの卑劣な陰謀」という言葉が、そのまま国民感情に受け入れられた。この時期になると、ドイツの敗北を大方の国民は予想していただろう。すでに連合軍のイタリア上陸、対仏戦線の崩壊と赤軍の大反撃が始まっていた。だがその一方で、「恩寵」を得た総統ヒトラーだったら何とかしてくれるというはかない望み、あるいは「最終勝利」の奇跡にすがりつく思いもあった。東部の中央軍集団の参謀長トレスコウはクーデター失敗の報をうけた二一日朝、副官シュラープレンドルフと別れる際に「いまにドイツ中がわれわれに襲いかかり、罵《ののし》るだろう」といって自決したが、事態はそのとおりになった。

事件をきっかけに、銃後のドイツ本国では〈国民同胞〉の意識とヒトラー神話が一時的だが高まった。メディアもヒトラーに拍手喝采を送りつづけた。この機に乗じて、ヒトラーは事件一週間後の七月二七日、戦意高揚をめざして「総力戦投入全権」(経済・文化・思想その他あらゆる領域を戦争完遂のために再編する最高責任者)にゲッベルスを任命し、さらに九月にはヒトラーユーゲントの総力戦動員命令(志願兵となるか塹壕《ざんごう》掘りや堡塁《ほうるい》づくりなどに従事)、一六―六〇歳の武器を持てる男子全員を対象にした国民突撃隊(大多数が出征していたから実態は少年と老人で編成)の創設命令が出されるにいたった。

かくして戦争は四五年五月八日の無条件降伏まで一〇カ月間継続された。その結果、それまでの戦死者総数を上まわる数百万の自国兵士が犠牲となり、数十万のユダヤ人が虐殺され、大都市は完璧《かんぺき》に破壊された。そのため押しが、戦火のなかを着の身着のままで東プロイセン

4－1　（左）進攻する赤軍から逃れる東プロイセンのドイツ人難民（1945年１月）。（右）病院船に転用された「ヴィルヘルム・グストゥロフ号」のタラップをのぼる難民の母子。同船は1945年１月30日、ポンメルン沖で魚雷攻撃を受け沈没、5348人（そのほとんどが難民）が死亡した

をはじめ東部の居住地を追われドイツ本国の西部をめざす総数一二〇〇万人のドイツ人難民（被追放民）の悲惨な逃避行である。赤軍やレジスタンス部隊の報復にさらされ、途中で命を落とした人びとは二〇〇万人以上におよぶという。

家族の連帯責任——子どもへの報復

一方、ヒトラーの報復はすさまじかった。その任にあたるヒムラーは国内予備軍司令官に任命された。本来、軍事事件であったから裁きは軍法会議でおこなわれるはずだが、軍人首謀者たちはヒムラー主宰の特別法廷で軍籍剝奪《はくだつ》のうえ、民族法廷にまわされた。処分がどのようにもできるからだ。一九四二年八月長官となったフライスラーは、ヒトラーの

4－2　バート・ザクサの養護施設棟

忠実な僕《しもべ》であった。その結果が、国家反逆罪の処刑者約二〇〇人のうち四六人が高級軍人という数字である。この刑罰には全財産の没収、服喪の禁止、処刑料と埋葬料の支払い命令が付随している。

事件に関わった人びとの妻子や近親者にまで咎《とが》を拡大する「家族の連帯責任《ジッペンハフト》」は、報復の最たるものである。ドイツ抵抗記念館長J・トゥッヘルによると、七月三〇日、ヒトラーとヒムラーの話し合いで、シュタウフェンベルク伯爵家に加え、「自由ドイツ国民委員会」の指導者ザイトリッツ・クルツバッハ将軍（四四年春、欠席裁判で死刑判決）の家族も罪に問う基本方針が決められた。この方針に沿って、事件への関与者と「委員会」の署名者の近親者たちから、無作為で一八〇人以上の人びとが逮捕され財産没収のうえ、刑務所、強制収容所に拘禁された。一六歳以上の男子の多くは兵士として前線に送られた。一五歳以下の子ども四六人（最年少は生後一〇日の新生児）は拉致《らち》され、中部ドイツ・ハルツ地方のナチ福祉施設バート・ザクサで養育された。いずれ親衛隊員の養子にする予定であったという。

トレスコウにしろ、シュタウフェンベルクにしろ、家族が巻き添えにならないように苦心していた。トレスコウと妻のエーリカは、エーリカが夫の行動を知らない妻の役を演じることを打ち合わせ、子どもたちにも父の言動を伝えないようにした。シュタウフェンベルクは妻ニーナに計画そのものを教えないようにしていた。だが無駄であった。

その具体例をシュタウフェンベルク家についてみよう。シュタウフェンベルク兄弟の一族については抹殺するねらいがあったから、大伯父ベルトルト（虐待により死亡）、母親カロリーネ（二カ月で釈放）、叔父のユクスキュル（九月刑死）、長兄ベルトルト（八月刑死）の妻マリア、次兄アレクサンダー（当時ヴュルツブルク大学古代史教授）と妻メリッタ（テストパイロットのため六週間で釈放後、米軍機に撃墜され死亡）、従兄弟たち親族九人は刑務所や強制収容所へ別々に拘留され、長兄ベルトルトの二人の子どもはバート・ザクサに収容された。シュタウフェンベルクに代わって姓はマイスターと付けられ、施設内で本名や素性を語ることはきびしく禁じられた。家族の記憶を消し去りアイデンティティを奪うためである。

クラウス・シュタウフェンベルクの妻ニーナのばあい、逮捕時三カ月の身重で三週間の尋問に耐えラーヴェンスブリュック強制収容所の独房に五カ月間拘禁されたが、四人の子どもたちはバート・ザクサに送られ、やはりマイスターの姓を名乗らされた。シャンクという名前にさせられたニーナは一月はじめナチの産院に移され出産したが、伝染病にかかりポツダムの病院に移送された。彼女は医師の配慮で四月八日まで病院にとどまり、そこから一人の憲兵に護送される途中で生後三ヵ月の娘と南ドイツの父の友人のところへ逃げ、かろうじて殺害をまぬがれた（ヒムラーは四月二二日、親衛隊に拘留家族全員の殺害を指示したが、国防軍将校たちに阻止されたという）。だがニーナの実母アンナは、すでに二月はじめに親衛隊の懲罰収容所で死亡していた。

四月一二日バート・ザクサの地区がアメリカ軍に占領され、子どもたちは拉致されてから一〇ヵ月後に解放された。だがその後も、迎えが来るまでシュタウフェンベルク、トレスコウ、ホーファッカー（シュタウフェンベルクの伯母の一族でパリ占領ドイツ軍の中佐）、ゲルデラー（妻子は刑務所と収容所）たちの子や孫たち一四人はバート・ザクサで待っていた。これには引き取る親や近親者が迫害されて死亡したか、神経や肉体がぼろぼろになっていたこともあっただろう。ニーナの子どもたちについては赤十字に勤める伯母が骨折った。

子どもたちが母親や保護者たちと再会できたのは、六月のことである。終戦直前五月四日、アメリカ軍によって強制収容所から解放され、占領地区の町長に指名された元社民党のヴィリィ・ミュラーは子どもたちの収容された事情を知り、語りかけている。「お父さんたちを恥じることは何もないよ。英雄だったのだからね」。だが一人の子どもの耳に残っているのは「お前のそんな（反抗的な）性格には驚かないよ、何しろお前の親は国家反逆者だったから」というナチ党員看護士の浴びせた言葉である。八年後、成長した女性の一人はいう。「母から突然切り離されたことが、私の子ども時代のもっともショッキングな瞬間でした」。

これが家族の連帯責任という名による子どもたちへの報復である。

こうした事態にあって、反ナチ抵抗市民はヒトラーの報復にたいしてどのように行動したのだろうか。死を覚悟したとき、彼らがいかに振る舞ったかということである。これを《クライザウ・サークル》の人びとについてみてみよう。

《クライザウ・サークル》の人びとの逮捕と拘禁

モルトケは、一九四四年一月一九日に逮捕されていた。《七月二〇日事件》の半年前に拘禁されていたということもあり、モルトケと事件との関わりやグループの存在にも気づかれていない。またドイツ人ならば誰もが知っているモルトケ元帥の末裔ということもあって、ベルリン北方一一キロメートルのラーヴェンスブリュック強制収容所の独房生活にも配慮がされていた。だが、《七月二〇日事件》以降、処遇は一変して過酷になったという。

一方、七月四日、五日に逮捕、拘留されていたライヒヴァインとレーバーの処遇は、最初からきびしかった。彼らには、当初ゲシュタポが徹底的に壊滅しようとしていた共産主義者組織との関係に嫌疑が向けられていた。だがクーデター事件後には尋問内容も変わった。

事件の調査責任者カルテンブルンナーが七月二八日から毎週数回ヒトラーに提出する調査報告に、『カルテンブルンナー報告書』という文書がある。八月一五日の報告書にはじめて「モルトケのグループ」という言葉が登場するが、一九日の報告書ではライヒヴァインもこのグループとの関わりで言及されるようになり、二五日の報告書になるとようやくモルトケをとりまく反体制グループ《クライザウ・サークル》の名前が出ている。さらに三一日には「クライザウ・サークルのミュンヘン支部」と記述され、全体像も知られて逮捕の網が張られるようになった。ライヒヴァインとレーバーは社会民主主義者に分類され、事件以降彼らにたいしては「自由ドイツ国民委員会」との関わりや同志たちの存在を糺《ただ》す尋問に重点が置かれ、その取り調べも過酷になったようである。

夫ライヒヴァインに八月一〇日、一度だけブランデンブルク刑務所で二五分間の面会を許された妻ローゼマリーは語っている。「夫は顔がひどく青ざめ、痩《や》せおとろえていて、もう声を出すこともできませんでした」。レーバーもそうであったが、尋問は拷問をともない、殴られ首を絞められ、失神すると冷水を浴びせられ、声帯を潰されてしまっていた。ささやくような声しか出なくなっていた。しかも尋問後、独房では毎晩身体を拘束され、片方の腕が両足につながれて寝かされた。朝になると鎖は解かれた。こうした虐待と拷問はベルリ

4－3　民族法廷に立つアドルフ・ライヒヴァイン（10月20日）。当日夜処刑された。後ろ右端にレーバーがいる

ン・モアビットのゲシュタポの留置場に移送された八月一五日以降もつづいている。幸運にも一〇月五日家族の差し入れが許可されたとき、彼の希望は血だらけのシャツの替え着であった。こうした三ヵ月間におよぶ過酷な状況にもかかわらず、彼は精神的に潰されず同志たちの名前を漏らしてはいない。民族法廷にやつれてはいるが毅然たる姿勢で臨む彼の姿は、いまも保管されている数葉の写真にみてとれる。

一方、事前に計画を知らされベンドラー通りの国防省に出かけていたヨルクとゲルステンマイアーは、事件当夜に建物のなかで逮捕された。ちなみにゲルステンマイアーは、後年シュタウフェンベルクの最期の叫びを聞いた、と語っている。このあと一〇月一一日までに主要メンバー一三人が逮捕され、死刑判決が九人、逮捕拘禁をまぬがれ

4－4　ハンス＝ベルント・フォン・ヘフテンと妻のバルバーラ・ヘフテン（1943年）

たメンバーはペルヒャウやペータース（彼は国家保安本部によりベルリン空軍司令部所属からハンブルクに左遷された）など七人である。拘留されて同志の名前を漏らした人はいなかった。漏れたのは他グループからであった。家族の連帯責任を適用されたのは四家族である。一つ目はヨルクの一族――妻マリオン、母ゾフィー、兄の外交官パウル夫妻、未婚の妹ドロテア、同じく未婚で医師イレーネ（彼女はグループの熱心なメンバーであった。五〇年三七歳で死亡）の六人（マリオンは八月一〇日から三カ月間モアビットの刑務所に、兄パウルは七月末から一九四五年四月二五日赤軍に解放されるまで強制収容所に拘禁されたが、その他の女子は数週間の拘禁で釈放された）。二つ目はトロットの妻クラリータ（一九一七―二〇一三）と二歳半と九カ月の娘二人（クラリータは八月一七日から九月三〇日までモアビット刑務所に拘禁され、娘たちはバート・ザクサから一〇月七日に連れ戻された）。三つ目はヘフテンの母アグネスと妻バルバーラ、それに二カ月の乳飲み子をふくむ五人の子どもたち（母は数週間で釈放された。バルバーラは七月二五日から九月三〇日までモアビット刑務所に拘禁後釈放され、子どもたちはペルヒャウたちの手で連れ戻された）。四つ目はレーバーの妻子である（妻アンネドーレは八月三〇日から九月三〇日までモアビット未決監に収監され、二人の子どもはデッサウの施設に三週間ほど収容された）。

いうまでもなく、逮捕拘禁された同志たちにとって最大の苦悩は家族のことである。外交官のばあい、一人であれば逃げる機会もあったが、家族への思いからそうしなかった。弟ヴェルナーがシュタウフェンベルク大佐と同時に処刑されたハンス＝ベルント・フォン・ヘフテンを例にとろう。妻バルバーラは夫の生涯を回想してこう伝えている。

事件の日を夫がアダム・トロットと外務省でどう時間を過ごしていたかを詳しく主人の同僚メルヒャウスから知りました。夫は私にそのことをあまり詳しくは語りませんでしたが、二一日午後それも夜でしたが、取り乱し真っ青な顔をして一度だけ帰ってきました。夫はヴェルナー（弟で同居していた）が死んだことを伝え、私と子ども五人に別れをいうためでした。妻の私に夫ははっきり最期の別れを告げました。夫は友だちを裏切らず私たちの大事なことも漏らさずに尋問に堪えられるか、ひどく心配していました。このときなぜか夫を励まし元気づけようと、落ち着いて考えることができたのです。もっともその後私も囚人房に入れられ（二五日に逮捕された）、自分の身になると容易ではなかったのですが。でも二二日の別れの朝、主イエスが使徒たちに授けたお言葉で夫を励ますことができました。「彼らがあなた方を引き渡したとき、何をどう言おうかと心配しないがよい。いうべきことは、その時に授けられるからである。語る者は、あなたがたではなく、あなたがたの中にあって語る父の霊である」（「マタイによる福音書」第一〇章一九―二〇、日本聖書協会訳）。夫は実際にそのように行動したのです。

（『ハンス＝ベルント・フォン・ヘフテンの生涯』）

民族法廷に立つヘフテンとヨルク

ヘフテンは家族に別れを告げた翌日二三日に逮捕され、過酷な尋問に堪えぬいて八月一五日の民族法廷に臨んでいる。同志トロットたち外務省の仲間たちと一緒である。

民族法廷はナチスの敵を合法的に抹殺するために一九三四年九月に設けられた、「見せかけの法廷」であった。フライスラー長官のもとで、その性格は格段に強まった。すでに《白バラ》グループを過酷に断罪し意気が揚がるフライスラーにとって、《七月二〇日事件》の審理は最大の見せ場となった。ヒトラーからはあらかじめ被告たちを「屠畜《とちく》のように吊《つる》すこと」が指示されていた。メディアに公開され、ナチ党関係者や軍の各部隊に出席を割り当て

4－5　民族法廷を主宰するローラント・フライスラー長官と陪席判事

られた将校たち三〇〇人の傍聴人を前に、裁判長席の背後に目立たないように撮影カメラを据えて開廷された裁判は、フライスラーの一人芝居であった。

筆者自身この裁判の一部をビデオの映像で閲覧したが、そこにあるのはフライスラーの罵声《ばせい》と怒号、被告の弁明を遮る彼の金切り声だけである。まるで狂乱の裁判指揮というほかない。ゲッベルスが見せしめの宣伝映画にと目論んだようだが、とても一般に上映できる中身のものではない。だがヒトラーには被告人から自尊心と人間の尊厳を奪うねらいがあったから、そうした裁判は是認されている。フライスラーが民族法廷を指揮した期間は四五年二月三日空襲で死亡（そのおかげでトレスコウの副官シュラープレンドルフは助かった）するまでの二年半だが、全期間の死刑判決数約六

4－6　民族法廷に立つハンス＝ベルント・フォン・ヘフテン

〇〇〇のうち五〇〇〇件（たとえばプレッツェンゼー刑務所では四三年九月七日の政治囚の処刑数一八六）にもおよんだことからすれば、事件関係者（参加者や関知者など）二〇〇人の死刑判決はごく一部であることがわかる。しかもそれとてヒトラーへ忠誠を示すための判決であった。「血に飢えたフライスラー」の渾名《あだな》のとおりというほかない。モルトケが妻フライアに「最期の手紙」（四五年一月一〇日）で伝えているが、「フライスラーの気に食わない者は反逆罪」となり、「考えただけのことでも罰せられる」ことになった。

だがこうした異常きわまりない審理にあって、むしろヒトラーにたいする告発者として自らの信念を語ったのがヘフテンである。その中心部分を記そう（F：フライスラー、H：ヘフテン）。

F：貴殿はこれまで外務省にいたのか？

H：公使館参事官でした。
F：公使館参事官ね。最後は文化政策部の部長代理だね。
H：そうです。
F：ところで、国民が苦労し軍の幾多の指揮官たちが命がけで闘っているなかで、総統への忠誠を逸脱することを、裏切りというのではないかね、貴殿はそう思わないのか？
H：ご指摘の忠誠の義務を私はもうとっくに感じてはいません。
F：なんと！　貴殿が忠誠を感じないとはっきりいうのであれば、裏切りではないか。
H：いいえ、違います。総統の世界史的な役割についてですが、要するに総統は巨大な悪の実行者だというのが、私の考えてきたことです。
F：ほう。はっきりしているね。それじゃ、付け加えることはないだろうね。
H：ありません。
F：ほう、外務省の上品な官吏がね。貴殿に一つ聞こう。それでいて外務省の官吏になろうとしたわけか？
H：そうです。
F：じゃあ、もういうことはない。他のことを尋ねたりすると印象が薄くなるからな。

（同書）

フライスラーは怒りと驚きのあまり突然審問を打ち切った。ヘフテンの言葉はまさに寸鉄人を刺すものとなった。フライスラーは判決理由を簡単にこう記している。「ヘフテンは総統を〈巨大な悪の実行者〉とみる、憎しみに満ちた言辞を弄した」。

4－7　民族法廷に立つペーター・ヨルク・フォン・ヴァルテンブルク

彼はその日のうちにベルリン・プレッツェンゼー刑務所で処刑された。終戦三年後の死亡証明書には「ハンス＝ベルント・フォン・ヘフテンは四四年八月一五日午後八時一五分死亡。死亡原因：絞殺」とある。だが四四年八月空襲のため、防空壕で偶然にヘフテンの審理の傍聴人であったという将校がバルバーラの隣に座り、彼女がヘフテンの妻であることを知ると、彼の勇気ある発言に「深く感動した」と伝えている。

こうした自己の信念にもとづく発言は、ヘフテンだけでない。民族法廷で初回の八月七―八日にフォン・ヴィッツレーベン元帥（クーデター計画では国防軍最高司令官に擬せられていた）をはじめ軍人グループ八人のなかの一人として出廷したヨルクも、フライスラーの長広舌と罵倒のなかで、はっきり行動の正当性を語っている。それは告発された者ではなく告発する者の姿である（F：フライスラー、Y：ヨルク）。

F：貴殿はそれ（暗殺計画）を聞いたときに、その考えに賛同したのか？
Y：裁判長、事情聴取のときに述べましたが、私は国家社会主義の世界観が広がるにつれて……
F：（フライスラーは遮りこう叫ぶ）まったくわからん！　ユダヤ人問題に関し、貴殿にはユダヤ人根絶は気に食わない、国家社会主義の法概念が気に食わないということだろう。
Y：違います、ユダヤ人問題がすべて、国家が神にたいする宗教的、倫理的義務を排除し国民に無制限に権力をふるうことと結びついている、このことが重要なのです。
F：どこで国家社会主義がドイツ人の倫理的義務を排除したのか、いってもらおうではないか。そんな話は一度も聞いたことはないぞ。（以下略）

（『ペーター・ヨルク・フォン・ヴァルテンブルク　一九〇四―一九四四』）

「ヨルクは落ち着き毅然とした態度で処刑台に向かった」――このようにペルヒャウはヨルクの死を伝えている。

ペルヒャウはテーゲル刑務所のほか、事件関係者が処刑されるプレッツェンゼー刑務所の監獄牧師にもなっていた。その彼が、看守をふくめ誰からも密告されなかったことは奇跡に近い。越年して一九四五年一月五日にはレーバー、二三日にはモルトケとテオドア・ハウバッハ（ジャーナリスト・元社民党国会議員、一八九六―一九四五）が処刑され、最後が二月二日神父デルプの処刑であった。ペルヒャウは同志たち全員を知っていた。だが、さしあたって彼の役割は、ヘフテンやトロットら同志たちの死を見届けて家族に伝え、できれば「最期の手紙」を手渡すことであった。

「最期の手紙」

いかに反ナチの敵対者として行動したとはいえ、逮捕拘禁となるとショックである。ライヒヴァインたちの例を出すまでもなく、彼らには過酷な処遇と尋問が十分に予想できた。自らソ連抑留を体験した神学者テートにならって述べると、こうなる。時間感覚と気力を萎えさせるための、ぎらぎら照らす投光器が終日消えない地下独房への数日間の放置、拷問によるゲシュタポ式尋問、家族にも累がおよぶという脅しを手段に、尋問者は拘留者を屈服させ、知っていることすべてを吐かせようとする。拘留者に残されたものは、重要なことを漏らすまい、仲間を裏切るまいという決意だけである。それは両者の戦いだ。もちろん状況は拘留者に絶対的に不利だが、要は尋問者の「言いなりにならないこと」である。起訴状に国家反逆の罪状が書かれて、死刑が言い渡されるのは覚悟のうえであった。

処刑直前のヨルクはペルヒャウに「非常に大事な知らせだ、クライザウ・サークルの存在についてゲシュタポはまだ知ってはいない、仲間にも教えてくれ」と密かに告げているが、その言葉には尋問に堪えたヨルクの、同志と分かち合える誇りがあった。またモルトケがフライスラー裁判長を前に、自分と同じ被告席に座るハウバッハとデルプが「たんに私の議論に興味をもっただけの傍観者だった」と弁護するのも、彼らとの緊密な仲間意識のためである。それほど信頼の絆が彼らにはあった。

そうした彼らの反ナチの戦いも終わった。残されているのは、国家反逆者の烙印を押されながらも、それに堪えて一人の人間として生きた自分について飾らずに纏めをつけることだけである。それだけに彼らが処刑前に記した「最期の手紙」は、その人の人間性を表す遺言として、さらには人間存在の究極の問題に触れる記録として貴重である。

一般の犯罪者から数多くの反ナチの政治犯まで、ナチ期に一〇〇〇余の人びとの死に分け隔てなく寄り添ったペルヒャウは、ナチ体制崩壊後、彼らを深く悼んで『最期のとき』（一九四九年）を著しているが、そこに記された抵抗者たちの態度や手紙はどれもが真摯に生きた人間の記録となっている。ちなみに《ローテ・カペレ》の一人、社会主義者アルヴィド・ハルナックは、一九四二年一二月二二日最期の一夜を過ごす間、ペルヒャウとの会話を望んだ。そのなかで彼はヒトラー支配のドイツ国民の行く末が心配だと語りつつ、ゲーテの詩を読んでくれるように頼んでいる。彼の最期の手紙の末尾は「自分の最期の願いとして、みなさんがクリスマスを正式に祝い、〈愛の力に祈りを〉を歌ってほしい」と記されている。

拷問され喉《のど》を潰されたライヒヴァインのばあい、公判でもフライスラーに「裏切り者」と一方的に罵倒され発言の機会も封じられた。彼は黙って毅然と立っていた。その彼が公判前の一〇月一六日、一一歳の長女レナーテに宛てた紙片がある。それにはこう書かれている。

機会があったら、いつでも人には親切にしなさい。助けたり与えたりする必要のある人たちにそうすることが、人生でいちばん大事なことです。だんだん自分が強くなり、楽しいこともどんどん増えてきて、いっぱい勉強するようになると、それだけ人びとを助けることができるようになるのです。これから頑張ってね、さようなら。お父さんより。

（『アドルフ・ライヒヴァイン――手紙と文書にみる生涯』）

手紙を受けとったレナーテは五〇年後にこう語っている。「父はやっぱり私の人生を生きるうえでの指針です」。ついで彼が一〇月二〇日死刑判決当日、処刑される直前に父カール（元国民学校教師）と妻ローゼマリーに書いた別れの手紙を引いてみよう。二通全文を挙げる。まず父に宛てた別れの手紙である。

愛するお父さん、いま最期の時を迎えるにあたって、これまでずっと私のためにして下さったことすべてに、あらためて心からお礼を申します。あなたにはもっと長生きして下さるようにお願いします。あなたの孫たちのためにも元気でいて下さい。あの子らにはこれまでよりもずっとあなたが必要なのですから。　敬具

あなたのアドルフより

（同書）

つぎに妻への手紙である。

愛するローマーイ（ローゼマリーの愛称）、判決が下されました。私が大切な君の名前を書くのもこれが最後です。この世での最期を迎えるにあたって、いま一度心をこめて君と、

君の与えてくれた四人の子どもたち、私の喜びと慰めになり、励ましとなった四人の子どもたちに、私の愛を伝えます。私にとってこの三カ月間は本当に苦痛に満ちたものでしたが、内面的には大きな意味がありました。この期間はいろんな疑問を解き明かし、さらに心を清めるうえで役立ちました。子どもたちを君に安心して任せられるのですから、私は心安らかにこの世を去ることができます。――七月五日からずっと私は主イエスに君と子どもたち、それに父母のため取りなしの祈りの日々を過ごしました。この主の祈りのおかげで日々元気づけられました。――主よ、願わくは、この者たちに苦難を乗りこえ、力強く人生をつきすすむ力を与えられんことを。未来に向かって成長していく子どもたちは、君にとって慰めであり、やがては喜びとなります。君のご両親とご兄弟姉妹、それに友だちによろしく伝えて下さい。最愛の君に。エードルフより。

（同書）

これを読んでどのように感じるだろうか。少なくとも妻への手紙は、愛情に満ちた信頼の絆と神への信仰が綯《な》いまぜになっている。今日の技術的、世俗的生活になじむ人びとからすれば、こうした宗教的心性は奇異にとられるかもしれない。たしかに宗教の勢いはヨーロッパ社会でも衰えてはいたが、クリスマスに象徴される祝祭や祭祀《さいし》をつうじて日常生活（誕生・結婚・葬儀）にその伝統と価値観は息づき、キリスト教信仰と倫理・道徳は分かちがたく結びついていた。しかも戦時下になって肉親の戦死や空襲で身内の死傷が日常的になるにつれ、悲しみをかかえ救いを求める人びとに教会信仰はふたたび根を下ろすようになっていた。

ましてナチズムに敵対し抵抗する人びとには、キリスト教倫理（「隣人愛」に象徴される）は究極的に自分の生き方を支え律する潜在的な力であった。迫害ユダヤ人を救援する名もない市民の大半の行動がキリスト者としての自発的なものであり、またヘフテンの妻が『聖書』の言葉をもって夫を励ましたように、敬虔はすべてではないが、諸々《もろもろ》の力の源となった。ライヒヴァインの手紙もそのように読んでほしい。

もちろん、このような手紙はライヒヴァインに限ったことではない。ヨルクにしろ、ヘフテンにしろ、妻への愛といたわりを、神への感謝と贖罪の祈りとともに伝えている。ヨルクのばあい、応召し参戦したポーランド戦でユダヤ人虐殺を見聞した体験もあったから、ホロコーストについて自分をふくめた「ドイツ人の負うべき贖罪」を記している。ライヒヴァインよりさらに三カ月間の過酷な尋問と拘禁生活を強いられて一月五日に処刑されたレーバーは、その辛《つら》い日々をも魂の浄化の機会と受けとめ、これから自分の亡きあと苦難に堪えねばならない妻を励ましている。こうした宗教的心性は《クライザウ・サークル》の人びとに共通の特徴である。

ペルヒャウの行動

同志たちの死に寄り添ったペルヒャウについて述べておきたい。遺族たちは彼に深い感謝の言葉を書き残している。彼の行動の事例を示そう。

ヨルクの妻マリオンは、事件直後ベルリンの自宅を接収されてしまい義姉のもとに仮寓していたが、夫の処刑の二日後にゲシュタポに逮捕され、家族囚としてベルリン・モアビットの拘置所に拘留された。だが他の妻たちは夫の逮捕後すぐ自分も拘留されたから、夫の死を知ることもなかった。マリオンはトロットの妻クラリータ、ヘフテンの妻バルバーラと同じ拘置所であった。彼女らは窓のない隣り合わせの独房に拘留された。ところがその拘置所の牧師が神経衰弱症で休養することになり、暫定的にペルヒャウが兼務することになった。しかもその同僚は囚人房に出入りする鍵《かぎ》を置いていった。ここから彼の勇気ある行動が始まった。

三人の妻たちは家族の連帯責任の適用をうけた家族囚であり、とくに子どもたちが拉致されたクラリータとバルバーラは悲しみと心配のあまり半ば正気を失っていた。しかも彼女らは尋問されたあと、独房に拘禁されっぱなしであった。ペルヒャウは看守長を味方につけ、三人に接見する機会を設けて、まずは子どもたちがバート・ザクサで無事だという情報を伝え、毎週定期的に自分の衣服の裏地の大きなポケットに隠して、蜂蜜《はちみつ》を塗ったパンやチーズなど滋養のあるものを持参しては、彼女らの飢えを凌がせている。戦争末期の食糧難は囚人たちにとくにひどかったが、モルトケの妻フライアがクライザウの食糧を運んでくれたおかげで助かった。夫がどうなったのかもわからず思い悩む妻たちに、彼女らが落ち着いたころをみはからい、感傷をまじえず、その死を伝えている。ヨルクは八月八日、ヘフテンは八月一五日、トロットは八月二八日に処刑されたと。

4－8　アダム・トロットと妻クラリータの最後の写真（1944年復活降臨祭の日）

クラリータは、一九四〇年六月トロットから自分はヒトラーの敵であると告白され、それを知って結婚した。ペルヒャウがトロットの死とともにクラリータに語った言葉は、示唆に富んでいる。「神がくたびれた老人だけをみもとにお召しになるのでしたら、いま身をささげられた方々から生まれでる力強い新芽が育つこともないでしょう」。ペルヒャウにしていえる比喩《ひゆ》的な表現だが、趣旨は夫の死が無駄死にではなく、新しいドイツをつくるための意味ある死なのだということだろう。また別の機会に彼は、逮捕をまぬがれたローゼマリー・ライヒヴァインにも私情をまじえず、「絞殺がもっとも苦しみの短い死なのです」とまで語っている。非情ではあってても、ありのままを冷静に伝えることが、気丈な彼女たちの気持ちを整理させ、早く立ち直らせることを、彼は知っていた。

釈放後、彼女たちには子どもたちに父の死を伝える役目が待ち受けている。さらには「反逆者の妻」にたいする世間の非難や冷たい目に堪え「反逆者の子」への悪口から子どもを守って、苦難を乗りこえて生きていかねばならない。ペルヒャウにはこのことへの思いがあった。夫の反ナチ活動を支えつづけた彼女たちには、それができた。ペルヒャウ自身、変わることなくその後も相談にのり彼女たちを支援した。戦後女性初のベルリン陪審裁判所所長となったマリオンは語っている。「私たちにとって彼はいつも暗闇《くらやみ》のなかの光明でした」。

モルトケの死と遺志

モルトケの裁判は開かれていなかったから、クライザウの土地と家屋敷は無事であった。食糧を本国向けに調達していた東部占領地が失われて、食糧事情が悪化していたから、そこ

4－9　1945年1月11日民族法廷で死刑を宣告されるモルトケ

の農地は貴重であった。モルトケは九月末にラーヴェンスブリュック強制収容所からベルリン市内のテーゲル刑務所に移送されていた。ここにはゲルステンマイアー(変人をよそおいとおした彼は七年の禁固刑ですんだ)以外、「事件」と切り離されて収監された同志たちであるデルプ神父、テオドア・ハウバッハ(独身だが恋人アンネリーゼとの熱烈な「獄中書簡」がある)、テオドア・シュテルツァー(応召後一九四一年からノルウェー・オスロの軍令部輸送担当少佐を隠れ蓑にノルウェーとスウェーデンの抵抗組織の仲介役を務め、ユダヤ人救援に尽力していた。両国の人びとの嘆願で死刑延期)がいた。彼らに一括して死刑の判決が下されたのは翌年一月一一日だが、処刑日は不明である。

ここでもペルヒャウは獄中のモルトケはじめ同志たちに、四カ月にわたりモルトケの妻フライアがクライザウから運んだ食糧を密かに差し入れ、検閲を逃れた夫妻の日々の文通を仲介した（それは今日『テーゲル刑務所からの別れの手紙　一九四四年九月―四五年一月』としてドイツ書簡文学の秀作となっている）。だが二三日の午前一一時、彼がフライアの手紙をモルトケに渡し、午後一時ごろ返信を受けとりに行ったときに独房は空になっていた。モルトケは一二時ごろテーゲルからプレッツェンゼーに移送され即刻処刑されたのだという。数日して、ペルヒャウがプレッツェンゼーの同僚神父から聞いたのは、「ヘルムート・フォン・モルトケは落ち着きしっかりした足取りで、何か晴れ晴れした様子で死出の旅に発《た》たれた」という言葉である。享年三七。

モルトケはすでに前年一〇月一一日、七歳の長男カスパーと四歳の次男コンラートに別れの手紙を書いている。その内容からすると、ナチス以後の時代に生きるわが子らに父の遺志を伝えようとしたものである。中心の部分はこうである。

君たちにいっておきたいことがあります。父は学校で学んでいたときから、偏狭で暴力に訴える考えや不遜《ふそん》で寛容を欠く考えに反対してきました。そうした考えがドイツに根を張りナチ国家になって顕《あらわ》れ出たのです。それは暴力行為、人種迫害、信仰の否定、モノ中心の考えといった最悪のナショナリズムだったのです。こうした事態を克服しようと、父は一所懸命がんばりました。しかしナチスの立場からすると、そうした父は殺害せざるをえないことになるのです。

（『テーゲル刑務所からの別れの手紙　一九四四年九月―四五年一月』）

モルトケの処刑から二日後の二五日、フライアは辛い思いを胸に子どもたちの待つクライザウへ帰った。帰路すでに、反対方向へ向かう東部からのドイツ人難民たちが溢れていた。

このようにしてナチ期を代表する市民グループは消滅した。すでにモルトケの逮捕をもってヒトラードイツの対案づくりの謀議は終わっていた。だがその討議内容はゲシュタポの尋問、捜索にもかかわらず、ナチスに知られることはなかった。フライアがその記録文書をクライザウの館《やかた》の屋根裏の梁《はり》の裏に秘匿し、さらに逮捕をまぬがれた同志たちも討議録を部分的に隠匿していたからである。逮捕のあと自分たちの行動と計画を語ったゲルデラーたちについては『カルテンブルンナー報告書』に記載されているが、ほかの市民グループの作業が明らかになるのは、終戦後一九五〇年代以降のことである。

では、彼ら《クライザウ・サークル》の人びとがナチ国家に代わるドイツについて議論した対案とはどのようなものであったのか。その資料は大部であり、主要な部分に限って概略を述べよう。それは現代を考えるうえでも示唆に富む内容をふくんでいる。

2　反ナチ抵抗市民の「もう一つのドイツ」――『クライザウ構想』

国民に支持されたヒトラー独裁

《クライザウ・サークル》がナチスドイツの対案を考える前提に、ヒトラー独裁を支持する国民の存在がある。

一言でいえば、ナチス期のドイツ国民は人間として大々的に愚かになった。彼らはヒトラーに全権を委ね、ヒトラーは彼らの期待に応えた。自分たちの経済生活が安定しさえすれば、それでよかった。反ユダヤ政策により差別と迫害が激しくなっても、傍観する風潮が一般的になり、さらに迫害に協力し加担する事態となった。体制に同調すれば入念な物的ケアにあずかり、反対すれば〈国民同胞〉から除《の》け者にされたから、なおさらである。戦時下にはナチ指導部は体制維持のためなら何でもした。第一章にその概要が読みとれただろう。

一方、反ヒトラーに立ち上がった市民たちが障害者の安楽死殺人やホロコーストの実態、絶滅戦争の犯罪を指弾するビラを撒いたのは、同胞に現に起こっている事柄を直視し自分のあり方を見つめてほしいからであった。つまり《ローテ・カペレ》にしろ、《白バラ》グループにしろ、彼らがめざしたのは、結局のところドイツ人同胞を目覚めさせることにあった。

「祖国を愛する者はアドルフ・ヒトラーのために戦ってはいけない」とはルート・アンドレアスたちの信念であった。彼女たちが一九四五年四月から、玉砕を強いるヒムラーの都市防衛命令に決死の覚悟で「ナイン」（＝ノー）の文字を毎夜ベルリン市内の街頭にペンキ書きし、ビラ貼りの活動に踏み込んだのも、圧殺された他の市民グループ、とりわけよく知るモルトケやヨルク、ヘフテン、トロット、ライヒヴァインたちの遺志をつなごうとしたからである。だが最後まで、人びとには行動の意図は理解されず、彼らは反逆者、裏切り者でありつづけた。

4－10　1945年4月赤軍のベルリン攻撃に、市内の塹壕に身を潜め、対戦車擲弾（てきだん）を手にした少年兵と老人兵

ドイツ国民大衆の大部分がヒトラーから離反できないまま終戦を迎えた様子をうかがわせる数字がある。それは国民七五〇〇万人中、ナチ党員数が入党制限の撤廃された三九年五月以降に激増し、終戦時の四五年には八五〇〇万人超（入党希望を制限した三三年末には三九〇万人）にまで上昇したことだ。この期におよんでなおヒトラーを

支持し党員となることの損得を考える、これが反ナチ市民・抵抗者たちの向き合う現実であった。

開戦時からモルトケは、戦争がドイツの全面敗北をもって終わることを確信していた。ミュンヘンからグループに加わったイエズス会神父・神学者アウグスティン・レッシュ（一八九三―一九六二）は語っている。はじめてモルトケをベルリンの居宅に訪ねた四一年一〇月一三日、ラジオで流されるヒトラーの勝利演説を聴いた彼が「ドイツの勝利」について尋ねると、モルトケは即座に「いや、それは違う。ドイツは戦争で負ける。アメリカを加えてイギリスとすぐ適切に和平しないと、ドイツはすべてを失って占領され、ロシアがベルリンに進駐するだろう」と答えたという。略奪経済に依存するヒトラーのドイツと次元の異なる、アメリカの強大な国力について熟知していたからである。

そうしたヒトラーの戦争突入に反対する国防軍のクーデターに、モルトケも当初は期待したが、将軍たちに幻滅して期待するのをやめた。だがそれにもまして、彼にはヒトラー独裁制が圧倒的に支持されているという現実が問題であった。

つまりこうした状況のなかで軍事クーデターが実行されても、権力の移行だけに終わり、第一次世界大戦の「匕首《あいくち》伝説」（国内の陰謀によって敗北したというデマ）のように、新たにナチ主義者が英雄視され混乱の事態をまねくだけではないか。もはやクーデターではなく、

「革命」それも「意識革命」が必要なのだ。レジスタンスに決起した占領諸国では、貧しい人たちも道徳的義務と国民的義務の自覚があり、ドイツとは対照的である。もちろんヒトラーが自分たちを破滅に導いている事実に、ドイツ人同胞は目覚めてほしい。だがそれがわからないとすれば、軍事的敗北でヒトラーが自滅し、自身たちも変わらねばならない必然性を悟らせるほかない。モルトケはこう考える（ストックホルム、L・カーティス宛ての一九四二年四月一八日の手紙）。

ドイツの敗北――構想の出発点

モルトケの右の考えがグループの議論の端緒となった。「夫たちが考えを述べあうのをじっと耳を傾けて」、その記録を「台所で整理しつづけた」女性たち、フライアとマリオンはこれについて伝えている。

グループの活動の当初は、どの勢力がどういうかたちでナチを崩壊させるようになるのかわかりませんでした。この不幸な戦争が敗戦となるべきだと、みんなが思っていましたが、時がたつにつれてそれが確信になりました。ドイツが軍事的に敗北を重ねるうちに自らをナチ支配から解放することができるか、敵国の圧倒的勝利によって解放されるかは、最初は未定としておくほかありませんでした。いずれにしても軍事的な敗北だけがナチズムからドイツと世界を救う前提になると信じました。同じドイツ人として当然、良心の葛藤がありましたが、このように確信したから、みんな自国の敗北を願ったのです。（中略）同胞たちの精神的に大事なものがぼろぼろになり、法制度も破壊されたドイツを再建するために、その基盤を明確にしようという強烈な願いが、同志たちみんなを結集させたのです。こうして一九四〇年夏に組織的な議論が始まりました。

（『一九四五年一〇月一五日のクライザウ・サークル最初の報告』二〇〇四年公表）

このために法律家・外交官たち、労組や社民党系の人びと、新旧両宗派の聖職者・神学者など、多様な階層と職域、世界観の人びとを結集し、問題項目ごとに議論し、統一された結論に纏めようとした。フライアによると、「《クライザウ・サークル》はモルトケをつうじて一つのチームになった」。

今日『クライザウ構想』（以下『構想』）として知られる彼らの戦後再建計画は、この点で、保守政治家ゲルデラーを中心に「九月陰謀」以来練ってきた反ヒトラー計画や他の市民グループのそれとも異なっている。モルトケと対比されるゲルデラーのばあい、最初からクーデターを想定して、当面の問題解決の政策を示す内容のものとなった。ユダヤ人をことさらに

「別の民族」と強調し、その国家をカナダか南米の一部に設けるとか、ニュルンベルク人種法の改善案をも示すというように（『目標』一九四一年末）。

一方、《クライザウ・サークル》の人びとには、崩壊後のドイツ、しかもそこに生きる人間を中心に置こうとする理想主義的な考えがあった。その意味で『構想』は、ナチ支配のもとで密かに衆智《しゅうち》を集めた、多岐にわたる「もう一つのドイツ」論である。ここではその特徴を三点だけ挙げよう。第一は、ワイマル政の復興を否定したこと、第二に戦後再建の基礎にキリスト教的精神を据えたこと、第三に戦後の平和を国内経済の枠を越えてヨーロッパに拡大した経済秩序のなかに求めたことである。

ワイマル政再興の否定

まずワイマル議会制民主主義の再興を否定したことについてである。

クライザウに結集した人びとは本来ワイマル民主政の支持者であった。彼らにとって、国民主権・男女平等普通選挙・比例代表制にもとづくワイマル共和政は、擁護し育てていくべき政体であった。そのためにこの政体を攻撃するナチ党の台頭にも反対した。ナチ政権になると年長の人びとはそれまでの指導的な職業の地位を追われ排除されたり、若年の人びとは自ら体制内で昇進する道を断ってきた。だが人権と自由を放棄して熱狂的にヒトラー独裁が受け入れられた事実を目の当たりにして、彼らは深い幻滅を味わった。しかもナチ体制のもたらした同胞の精神的荒廃という事態が、追い打ちをかけた。こうしたなかで、新秩序のモデルにワイマル政を再興することは彼らには考えられなくなった。

『構想』作成には関与しなかったユリウス・レーバーは、労働者層の利益を中心に考える社民党の有力政治家であった。その彼もシュタウフェンベルクに、麻薬中毒者の治療にたとえ「独裁制を一夜にして民主主義的な状態には切り替えられない」と語っている。党利党略、党官僚制やボス支配、公然たる誹謗《ひぼう》中傷、腐敗のはびこったワイマル諸政党の実態が、国民大衆の未熟な政治意識の鏡となっていることを痛感していたからだ。ワイマル政体の再興を否定する立場は、《クライザウ・サークル》だけではない。《ゲルデラー・サークル》はむろんのこと、《フライブルク・サークル》など反ナチの知識人グループにほぼ共有されている。

このように述べてくると、読者は、グループの人びとはエリート的な反民主主義者に変わったのかと思うかもしれない。たしかに彼らは知的市民層だが、それだけに民主主義のプログラムをもって戦後の再建を始めても機能しないばかりか、第二のヒトラーのナチスが政権を握るという危険性を考慮せざるをえなかった。ヒトラーこそ完全比例代表制の普通選挙によって登場し、まったく形式的で強圧的だが国会選挙の絶対多数意思（一九三三年一一月一二日、独裁制支持の得票率九二％）にもとづく国民の代表者にほかならなかったから。

グループがワイマル政を否定する立場は、以下の選挙制度案に明らかである。地方自治の原則を前提に、町村や郡のレベルまでは満二一歳以上の選挙権・満二七歳以上の被選挙権をもつ男女の直接選挙とするが、「戸主」の優先的選挙権を認める。だが州議会選挙についてけ郡や同等の都市の代表による間接選挙（二七歳以上の被選挙権者は男子のみ、国会議員も同様）、国会議員選挙も各州議会による間接選挙とする。とくに国政にたずさわる国会議員は最大限、専門知識と経験豊かな人びとを選出するが、議院内閣制は想定されない（「一九四三年八月九日の新秩序の諸原則」）。

こうした案はもちろん議論を呼ぶ。民主主義はつねに絶対ではないが、グループがこれを放棄したと即断しないでほしい。レーバーが語るように、これは形式的な民主政を排してドイツを段階的に再建しようとした案なのである。

戦後ドイツのボン基本法（一九四九年五月制定、現ドイツ連邦共和国基本法）はワイマル憲法の修正（大統領権限の制限・ナチ党擁護の否定・比例区の阻止条項など）のうえに成立した。この憲法体制下で後半生を送ったシュテルツァー（民間シンクタンク「ドイツ外交協会」専務理事）は、段階的な再建を構想した理由が「（ヒトラーにすべてを委ねるという授権法制定の意味が理解できないような）広範な人民をただちに自分たちの政治的運命を変える議論に参加させられないと思ったからであった」と、打ち明けている。

現代史のなかでデモクラシーは、つねに大衆煽動にさらされ容易に衆愚政治に陥るか独裁制さえ引き出す危険なもの、条件付きで有効に機能するものであると、《クライザウ・サークル》の人びとは身をもって悟った。条件付きとは最終的には、外形ではなく人間である。これについて戦後西ドイツ、ケルン大学に転出した国法学者のハンス・ペータースは一言で述べている。「民主主義者なくして民主政治は存在しない」。

国家再建の基礎――キリスト教的理念

そこでつぎに、再建の基礎とされたキリスト教的理念について述べよう。

すでにみたように《クライザウ・サークル》の人びとは共通して敬虔なキリスト者であった。社会（民主）主義者だから宗教否定と決めるのは間違いである。共産主義者とそこが違う。ライヒヴァインにしろ、ハウバッハにしろ、彼らは思想的にもパウル・ティリッヒの、キリスト教の隣人愛を社会主義思想の根源とみて現実社会の諸問題に立ち向かう「宗教社会主義」に強い影響をうけていた。

もちろん彼らにとって宗教的信仰は個人にとどめおくものであり、国家にまで拡大すべきものではなかった。すでに社会全体の世俗化は避けがたく、それを押しとどめることは不可能であった。ドイツのばあい、帝政期まで教会（とくにキリスト教信徒の三分の二を占めるプロテスタント＝福音派の教会）は国の教会という立場にあったが、それもワイマル憲法で廃止されるようになった。信教の自由は基本的人権の一部であり、宗教的に寛容な態度も価値とみなされた。

だがそうした時代の趨勢《すうせい》においても、教会にはカトリックをふくめて、公法上の団体として教会員から教会税（教会の諸活動のために教会員に課された税金）を徴収することが認められてきた。またドイツ人の行動や日常生活の基層の部分では、キリスト教の宗教倫理も依然として息づいてきた。宗教的な心性を次世代につなぐために、教会は学校の宗教指導「宗教科」をつうじて青少年の教育に、家庭とならんで密接に関わってきた。

ところがナチスの出現で事態は一変した。ナチ指導部にとって「キリスト教は自然の法に反するもので、自然への抗議である」と否定された。ここにいう「自然の法」とは生存のための弱肉強食、優勝劣敗という生物界の様相をさしている。彼らには「弱さへの共感」、「人間愛」とか「魂の救い」といった精神性は不可解なものであっただろう。そうした立場からすれば、キリスト教とナチ世界観とは共存できなかった。だからナチ指導部は、当面はキリスト教をナチ化して教会の存在を認めるにしても、最終的にはナチ世界観がこれに代わり教会をドイツから消滅させようとしていた。

弾圧に耐える教会への注目

すでに触れてきたが、ナチ政権は党シンパ「ドイツ的キリスト者」の「帝国教会」派を後押しし、福音派教会全体をナチ化しようとした。告白教会はそれに反対して結成された。それは信仰闘争として始まったが、ユダヤ系信徒を庇護する反人種闘争、教育界からの聖職者の排除に反対する教育闘争の側面もあった。これにさらに障害者抹殺への高位聖職者たちの抗議、戦争協力の説教の拒否という行動も加わった。この点ではカトリック教会も同様である。

これにたいしてナチ当局は逮捕、強制収容所への拘禁、教会財産の没収、さらに戦時下には懲罰的な前線送りなどの弾圧をもって応じた（福音派のばあい牧師総数一万九〇〇〇人中、三〇〇〇人が投獄され、約八〇〇〇人が兵役に就き一八五八人が戦死したという）。また一九三七年以降、ドイツ社会に反宗教の気運をつくろうと、ヒトラーユーゲントを先兵にした教会の排斥運動、宗教教育放棄のキャンペーンも大々的に繰り返されていた。

にもかかわらず、帝国教会をのぞく福音派教会とカトリック教会はナチズムに順応せず、キリスト教信仰を守る唯一の砦《とりで》、ナチ化されない存在でありつづけた。しかも戦況の悪化とともに、教会離脱者が減り、逆に教会信者が増えていった。そのためヒトラーの意をうけて、強硬論者の党官房長ボルマンも教会解体を戦後の課題に先送りしたという。

4－11　（左）ナチの宗教政策に屈しなかった福音派・告白教会指導者テオフィール・ヴルム牧師（ヴュルテンベルク州教会監督）。（右）カトリックのベルリン司教コンラート・フォン・プライズィング

こうした事態の推移を注意深く見ながら、モルトケ、ヨルクそれにメンバーの政治学者オットー・フォン・ガブレンツ（一八九八―一九七二、戦後ベルリン自由大学教授）たちは、国家のあり方について議論しはじめていた。最初は彼らも、国家を「個人の自由の庇護者」と位置づけて、信仰にしろ、宗教倫理にしろ、個人的問題という前提から出発した。だがこの前提そのものがあまりにも現実から遊離したものであることを、自覚せざるをえなかった。

ポグロムに始まり、戦時下のユダヤ人やシンティ・ロマ人の強制移送、ホロコーストの進行、民族絶滅というすさまじい戦争犯罪、ナチ犯罪を問うべき司法の崩壊、無関心をよそおう国民大衆の態度が現実を覆っている。人権の抹殺と暴虐のかぎりをつくす不法国家とそこで利己的に生きる人びとを前にしながら、これまでのように世俗的な国家を絶対視するのは単なるフィクションではないのか。最悪の現実世界を無視して、形式的な政教分離にとどまる議論だけではすまないはずだ。宗教倫理はもはや個人レベルにとどめおくべきではなく、国家的なレベルでも、つまり世俗の権力をも絶対的なものとはしない「神の国の尺度」（キリスト教倫理）が必要とされているのではないか。こう考えるようになった。

その結果として、彼らはヨーロッパ世界に根を下ろし育《はぐく》まれてきた「キリスト教的精神」（「キリスト教的西欧精神」）にふたたび活力を与え、戦後ドイツ再建の理念にしようとする。こうした考えは《クライザウ・サークル》だけではなく、《フライブルク・サークル》《ケルン・サークル》などにも共通にみられる。

モルトケたちがナチズムの弾圧に屈しない唯一の組織である教会に注目し、戦後国家の暴走の歯止め役を教会に期待するのも、右のような文脈からである。モルトケは四一年来、福音派教会の代表者ヴルム牧師（ヴュルテンベルク州教会監督）、カトリックのベルリン司教プライズィングの意見を徴して、最初の全体会議（四二年五月二二—二五日）を開いているが、『構想』の基本的立場を表す「前文」の冒頭にはこう記されている。

ドイツ国政府はキリスト教的精神をわが国民の道徳的、宗教的な革新、また憎悪と虚偽の克服さらにヨーロッパ諸国民共同体の再建の基礎であると考える。

（「新秩序の諸原則」）

ここにはヒトラードイツを誕生させた、現実の相争う国民国家の枠組みを超え、西欧的視野でドイツの再生をめざす基本姿勢が読みとれるだろう。実際、フライアやローゼマリーたちは「クライザウの人びとはヨーロッパ的視野で考えていた」と強調している。後述する経済秩序のプランもそうした思考の所産であった。ちなみにいうと、イスラム世界圏はいまだ彼らの脳裏にはなく、想像を超えていた。

重視されるキリスト教的教育

「キリスト教的精神」は具体的な場面では、青少年の教育とくに宗教教育と結びつく。ナチ期において青少年は生き方を歪められた最大の被害者であった。元凶は、彼らが一〇歳から加入を強いられたヒトラーユーゲントである。「青少年は青少年自身によって指導される」と称して、彼らは農村的世界で宿営生活に追いやられ、兵士のような「錬成」に明け暮れた。指導部の思うままに、彼らは意識的、無意識的に反宗教感情や教師への反抗心をいだいた。自らの手で学《まな》び舎《や》を荒廃させ情愛と信頼の親子関係も壊した。

一九四〇年一〇月から、ヒトラーユーゲント指導部の主導で一四歳以下の学童疎開（のべ

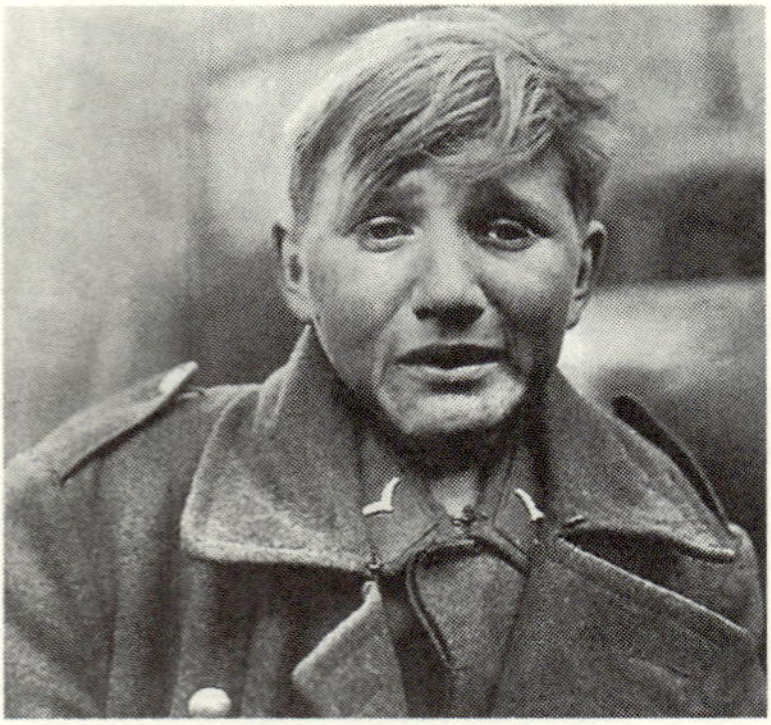

4－12　アメリカ軍の捕虜となった、哀れな表情のヒトラーユーゲントの少年兵

五〇〇万人）が始まるが、それとて学校の影響を制限したナチ思想を徹底するための集団生活であった。一方、団員年長者の男女は労働に徴用され、男子には軍事教練そして最後には死を賭けた戦闘が待っていた。彼らの胸のうちには世の中にたいする不信が満ちていた。

　モルトケはじめグループの人びとは、このような破壊された青少年教育の立て直しと家族の再建をドイツ再建の重要な条件とみていた。モルトケが教育界の実情をよく知るライヒヴァインに、宗教教育問題を中心にペルヒャウ、ガブレンツと協力して報告書を提出するよう依頼したのもそのためである。報告の要旨はこうである。

　現在の教育荒廃の原因は、「（永遠の価値を重視する）西欧の教育伝統」にナチ思想がとって代わったことにある。回復させるには学校が再度教育活動を家庭、教会と協力して築いていくほかない。だが現実に青少年にはナチ思想のために反宗教の感情が充満している。こうした状態を解きほぐすためには、学校の「道徳的・訓育的活動」を宗教科だけに負わせるのではなく、授業活動全体を内的に統一させる必要がある。そうすることで、宗教教育は道徳心を育み福音（イエス・キリストの教え）に耳を傾ける態度も呼び起こされていく。

右の報告では学校の形態、つまりドイツに伝統的な、宗派を基準にして学校のあり方を決めるという、宗派別（同一宗派の児童生徒の通学）の学校か、宗派混合（「宗教科」だけ別々）の学校かについては言及していない。この問題は宗派別の主張を譲らないカトリック教会に配慮し、懸案事項とされたからである。結局、報告をもとに討議され合意をみた内容は以下のようになっている。

父母はわが子をキリスト教の諸原則と良心の求めるところに従い、教育する権利がある。国もまた家族の内的・外的な分裂状態を克服するのに寄与しなければならない。日曜日は国務行事をおこなわない。

家族、教会および学校は教育活動を共同しておこなう。そのさい学校は自分にふさわしい教育をうける子どもの権利を実現しなければならない。学校は子どもの倫理的能力を呼び覚まし、強化し、さらにその年齢段階に求められる能力像に見合うような、知識と能力を身につけさせねばならない。（中略）

国家的な学校は両宗派の宗教教授を必修教科とするキリスト教的学校である。宗教教授は教会の委託をうけて、できるだけ聖職者がおこなう。

（「新秩序の諸原則」）

以上の記述から、読者は戦後ドイツ像がキリスト教ずくめではないかという印象をもたれるだろう。いくらナチズム体験があったとはいえ、『構想』の「前文」にキリスト教をかかげるのは一過性のものだろう、と思うかもしれない。だがそうではない。

ボン基本法の「前文」もやはり「神および人間にたいする責任を自覚し」という文言から始まっている。「神」という言葉はワイマル憲法にもなかったし、先進諸国の憲法をみても前文に謳うのはごく少数である。さらに基本法の諸条項を読んでみると、右の宗教教育と趣旨は同じである。戦後西ドイツの州憲法成立にかんする遠藤孝夫の研究によると、キリスト教精神の文言は基本法の制定に先立つ各州の憲法の草案段階ですでに組み込まれ、それがかつて抵抗運動に参加した人びとの主導でなされていたのだという。してみると、少なくとも国家理念と宗教教育にかんしては、反ナチ抵抗市民の願望がドイツ固有のかたちとなって、いま現在にも投影されているということである。

人間と平和のための経済秩序　188

経済政策はグループの議論の争点であった。メンバーたちは、世界恐慌（一九二九年）のあともつづいた経済危機が社会不安を呼び人心を荒廃させ、結局はナチ支配に道を開いたことを熟知していた。第一回全体会議に向けた神父デルプの討議資料は「経済的諸課題を解決せずに社会状況の安定はなく、国家間の平和もありえない」と強調しているが、それはグループに共通する姿勢となっている。現にヒトラー独裁が侵略戦争に直結していたことからすれば、経済問題はドイツ一国だけではなく諸国家間のなかでも考えるべき事柄であった。

グループ内ではすでにグループの立ち上げのころから「経済秩序」の部会が討議をすすめていた。その中心を担ってきたのは、恐慌とニューディール政策をハーヴァード大学で研究してきたホルスト・フォン・アインズィーデル、財務省参事官カール・フォン・トロータの二人である。

二人は連名で大部の覚書「経済秩序の課題」（四二年九月）を作成し、経済の基本についてこう主張する。旧来の資本主義経済は失業問題や環境破壊に無力なまま、制御できない力と力のぶつかりあいとなって人間を振り回してきた。だが経済はそれ自体が目的なのではなく、本来人間の生存と生活向上に役立つ手段であるはずだ。要するに「経済の目的は人間である」。

経済のこのような位置づけには、カトリックの「社会的正義」の教説にもとづいてデルプ神父も「経済秩序は人間を人間にするために奉仕すべきもの」と主張するなど、グループに共通理解があった。だがさらに覚書はこの主張をおしすすめて、国には経済活動を統制する役割とその必要もあるという。もちろん規制によって「(利潤の追求という) 経済に固有な力」を失わせてはならないし、業績の向上もはかられねばならない。

経済の基本にかんする二人の主張には、一方で世界恐慌をまねいた自由放任主義を否定し、他方でスターリン共産主義の計画経済と区別する意図があったのだろう。

だがこの国家統制をめぐって様々な疑義が出された。その代表が、ヨルクとグループの協力者ケルン大学の経済学者G・シュメルダースの主張である。ヨルクはシュメルダースのほかフライブルク大学のW・オイケン(一八九一—一九五〇)やF・ベーム(《フライブルク・サークル》の経済学者)たちと交流を深めていた。とくにヨルクは、オイケンの主張つまり国家の基本的な役割が経済秩序の整備にあり、国家統制を「秩序のある競争」に転換すべきだという主張に、強く共感していた。

ヨルクとシュメルダースはこう主張する。国家には社会秩序を維持し、全体の利益のために管理し統制を必要とする領域がある。だが経済においては何よりも、個々人の倫理的な責任を前提にして、業績や自由な市場、自由な企業活動が重視されるべきだ。つまり「秩序のある業績競争」が必要である。それこそが経済発展の力となるし、国家的経済政策でも出発点とすべきものである。

グループ内の意見は大きく二つに分かれた。歩み寄って合意の道を探るほかなかった。議論の末に合意された内容は、四三年八月の「新秩序の諸原則」に大要こう記されている。

一　就業者の生活保障は経済運営に必須《ひっす》である。最低生活費の支給を速やかに回復すべきである。

二　ドイツ経済の再建の基礎は秩序ある業績競争にある。それは国の経済運営の枠内でおこなわれる。国は独占やカルテルを規制し、秩序のある業績競争を発揮させ、全体の利益を守らねばならない。

三　基幹産業は公有化される。国の経済運営は、市場や大工業に働きかけて各州の経済政策を助成し、経済全体の進展に配慮する。

四　政府は、企業がその所有者と全従業員の経済共同体に発展するように助成する。企業の経営と成果の増進に寄与すべく、企業側と従業員代表との協定が定められる。

五　「ドイツ労働組合」は右の経済綱領を実施するうえで不可欠の役割を負う。

六　自治組織として工業、商業、手工業の企業体は同業組合（商工会）をつくる。農業経営体は農業協同組合をつくる。これらの組合は経済の自治をおこなう。

本書を読まれる読者のなかにはドイツ戦後史に造詣《ぞうけい》の深い方もおられよう。気づかれるだろうが、《クライザウ・サークル》の論議と合意の内容は、アメリカ型と異なる戦後西ドイツの経済を方向づけた「社会的市場経済」(〈国民すべてに福祉を〉のスローガンのもとに西ドイツの経済相エアハルトによって推進された経済政策)の考えとよく似た内容となっている。ヨルクたちが連携した《フライブルク・サークル》、とくにオイケンがその思想的先駆者とみなされることからすれば、当然といえるだろう。ただここで注意したいのは、彼らがナチスの戦争経済の実態を直視しながら、構想したことである。経済秩序が倫理的性格を備えることは、彼らからすれば絶対に必要であった。「秩序ある競争」にいう「秩序ある」とは、それを象徴する言葉である。むき出しの強欲な資本主義ではなく、「人間の顔をもった資本主義」とは、むしろ彼らの願ってやまない経済秩序であった。

ヨーロッパ経済圏の構想

ではこのような経済構想を、彼らはどのようにヨーロッパに敷衍《ふえん》しようとしたのだろう。繰り返すが、ヒトラードイツが自給自足経済の名のもとに他国を侵略・迫害しホロコーストをつづける事態に、彼らは深い贖罪感をいだいていた。それは「自分たちの世代だけでは償いきれないほどのもの」(モルトケ)という自覚があった(一九四三年六月一四日の「戦争犯罪の処罰にかんする決議」はその強い意思を表している)。そこで彼らはこの償いをおこない、共通の価値であるキリスト教的西欧精神を取り戻すことで、ドイツがふたたびヨーロッパの一員となり、平和の再建にあずかることができる、と考える。その鍵は経済にあった。

つまり今後の平和は、旧来の利害の対立を解消するような経済協力の体制、諸国家が「それぞれ生産力の安定した発展を保障する分業に参加する」体制となることによって、はじめて築かれていく。それは「経済的な平和秩序の前提」である。そうすることでヨーロッパも世界貿易に参加し、世界の平和の一翼をになう。こうして彼らは展望する。

ヨーロッパ経済は伝統的な国民国家の制約から解放されねばならない。その基本原則は秩序のある業績競争である。それはヨーロッパ経済運営の指導部のもとでおこなわれる。指導部の課題には、さらに重工業の管理、カルテルの監視、その他、ヨーロッパの国単位の経済を有機的な統一体に導くような債券政策や運輸交通の政策などがある。

今後の問題

①ヨーロッパ国内の統一通貨と関税制限の撤廃　②ヨーロッパ通貨と世界の通貨の関連　③ヨーロッパ経済圏の分業　④ヨーロッパ経済と世界経済の関係　⑤社会主義経済との関係

（一九四三年六月一四日、第三回全体会議の結論「戦後外交政策の基礎」）

右の構想は文字どおり将来に向けた展望である。彼らは、戦渦に巻き込まれたヨーロッパ全体が現実には破壊と窮乏の状態にあってさらに悪化すること、その再建が容易ではないことを討議し知っていた。その意味でも未来に向けたメッセージであった。彼らの大半は終戦を待たずに世を去った。その後自国が西ドイツと東ドイツに分断され、東西冷戦の最前線に立つことを知る由もなかった。

だがそうしたドイツがやがて、欧州石炭鉄鋼共同体（ECSC、一九五一年）を経て欧州経済共同体（EEC、一九五七年）の一翼をにない、やがて欧州連合（EU）の主要国となっていく。この長期的流れに照らしてみると、ドイツの再生と平和を願う《クライザウ・サークル》の人びとが密かに討議し纏めた考えに、その源流を認めてもけっして誇張ではない。

第五章　反ナチ市民の戦後

1　占領下ドイツに生きる遺族と生存者

終戦・グループ解散・遺族たち

一九四五年五月八日、高い文化水準を誇った国が犯罪国家に堕して、ヒトラーの呪縛《じゅばく》の解けないまま崩壊した。国内が戦場となったために主要都市は瓦礫の山と化し交通・通信網は寸断され、極度の食糧物資不足に陥った。人びとは飢えと寒さに苦しんだ。しかも六月までドイツ本国の東北部とベルリンがソ連赤軍に全面的に占領されるなか、同胞虐殺への報復にもえる赤軍兵士たちの婦女への暴行、略奪や没収はすさまじく、都市部は荒廃し混乱の極にあった。

5－1　アメリカ軍により解放されたダッハウ強制収容所の収容者たち（1945年4月29日）

この混乱状態も、米英仏ソ軍司令官の六月五日の「ベルリン宣言」を経て八月二日米英ソ三首脳会談の合意「ポツダム協定」にもとづき、四カ国の分割占領と管理理事会（ベルリンに設置）による共同統治の枠組みが定まり、占領地区ごとに統治がおこなわれるにつれ、徐々に収まっていく。この占領統治はナチズムの根絶（「非ナチ化」という言葉に集約される）を基本方針に、東西二つのドイツ国家が成立する一九四九年までつづく。

一方、各地の強制収容所は連合国軍のベルリン進攻の途上、解放されていくが、政治的被迫害者と認定された人びとの数は一〇月時点で二五万人にのぼる。連合軍による占領とは彼らにとって政治的解放である。ナチズム打倒という抵抗運動の大義はもはやなくなり、思想信条、立場を越えて結束させた目的も消え失《う》せた。抵抗者たちは以前の一市民の立場に戻ったのである。

反ナチ市民グループ《エミールおじさん》は、その活動が露見することなく瓦礫の首都ベルリンに残った。メンバー・協力者たち一七人は破壊された住居の地下室から這《は》い出し、互いに生きのびたことを祝福した。五月一四日、自主的にソ連軍当局に「活動報告」を提出し、彼らはそれぞれの人生を歩んでいく。

5－2　ベルリン・フィル初演の案内ポスター。斜めにチケット完売と貼紙されている

ルート・アンドレアスは新聞社に通いながら活動の「日記」を整理し、娘のカーリンも舞台に立つ練習を始めた。ベルリン・フィルの建物の修復の音を聞きながら、レーオ・ボルヒャルトは早々と五月二六日初演予定の「チャイコフスキー第四番」のリハーサルに入った（ちなみにチケットは完売、演奏は絶賛された）。医師ヴァルター・ザイツも元の職場の大学病院に復帰した。彼らのもとに七月九日、保養の町バート・ホムブルクに住むユダヤ人音楽家コンラート・ラッテから、ベルリンの窮状を見舞う手紙が三週間がかりで届けられている（彼は四七年からベルリン国立オペラ劇場で独演者に練習をつけるコレペティートルの職に就く）。協力者のハンス・ペータースは学究生活

に戻り、ペルヒャウはテーゲル刑務所の牧師のままである。処刑をまぬがれた《クライザウ・サークル》の元メンバー、シュテルツァーやゲルステンマイアー、弁護士ハンス・ルカシェク（元オーバーシュレジエン州知事、一八八五—一九六〇）たちも四月中に相次いで生還した。

《クライザウ・サークル》の遺族たち

このように生き残った抵抗者や解放されたユダヤ人もさりながら、「反逆者」として処刑された人びとの遺族たちはどのように戦後社会に生きる自分を見つめたのだろう。《七月二〇日事件》に関わった人のばあい、処刑者の遺体は引き渡されず、その遺骨遺灰はばらまかれ、遺族には埋葬も服喪も認められなかった。悲しむ場もなければ故人を憶《おも》う場も与えられなかった。彼ら処刑者たちは生きた事実さえ抹消されようとした。一九四四年一〇月二〇日に処刑されたアドルフ・ライヒヴァインの妻ローゼマリーによると、夫の死亡広告も禁じられたため、彼の友人知人の多くは終戦後はじめてその死を知ったという。四五年一月五日に処刑されたユリウス・レーバーのばあい、処刑料など約一〇〇〇マルクの支払いを命じられ、妻アンネドーレは夫の所持していた結婚指輪と鍵を受けとる際に全額支払った、と長女カタリーナは語っている。さらに資産一切が没収された。そうすると、妻には夫の思い出あるいは「最期の手紙」のほか何も残らなかったことになる。それだけに彼女たちの思いは深い。ローゼマリーが夫たちの処刑後の二月六日、疎開していたクライザウから友人に宛てた手紙がある。以下はその抜粋である。

思い出となるものすべてがいつもかけがえのないあの人（ライヒヴァイン）に結びついています。今のところ、あの人はまだ私の傍《そば》にいて、落ち着きなさい、焦らないことだと、たしなめているように思えます。当地にずっと滞在していたいですが、まもなくここを発たなければならないでしょう。これから先のことは皆目わかりません。私たちはまたすべてを失ってしまいますが、三度目はもう築いてはもらえません。あの人が亡くなる直前に書いた一〇月二〇日の別れの手紙は、いまもしっかり持っています。（中略）あの人にまだ与えられるものが十分あって、そうできたにしても、もうこれまで沢山のものを分け与えてくれたのですから、今度は私が形あるものにして応えねば、と思っています。

（『アドルフ・ライヒヴァイン——一八九八—一九四四』）

この文面には、夫への思いを支えにこれからをポジティヴに生きようとする決意がにじみ

5－3　修復されたクライザウの館。現在クライザウ運動の本部（2003年４月）

出ている。こうした姿勢は彼女だけのことではない。抵抗者たち一一人の妻にたいするインタビュー記録（一九九一年）があるが、いずれも夫の死を契機に困難な戦後の人生を切り開き、確信をもって生きてきたことが語られている。それは追憶ではない。フライア・モルトケはいう、「夫は過去の思い出ではなく、心のなかに生きつづけ精神的な支えとなってきました」（『心に勇気をもって――七月二〇日の女性たち』）。

モルトケの死を住民たちが深く悼んだクライザウの地は、フライアや子どもたちには幸福な思い出の詰まった故郷であったが、彼らはこの地を二度失った。最初は二月にナチ当局の退去命令で、二度目はポツダム協定によりポーランド領となったためである。ナチの退去命令の際は南の山地リーゼンゲビルゲに隠れ住んで五月に戻ったが、二度目はそうはいかなかった。ローゼマリー親子五人は九月末に危険な道中を徒歩四日間でベルリンに戻り、フライア親子三人も一一月はじめ同地を去った（フライア親子はクライザウを三〇年後に再訪し、ドイツとポーランドの友好の地にする構想を描いたが、その後「クライザウ運動」となって一九八九年にはヨーロッパ融和の青少年の宿泊会議の地に結実し、今日にいたっている）。

これに先立ち、彼らは再建されたベルリン市庁が決定し五月末から発行した「ファシズムの犠牲者」証明書（一年更新）を入手している。それは刑務所、強制収容所の帰還者や遺族たちに優遇措置（一時金、衣糧の特別配給、職業の優先紹介、ナチからの没収家屋の優先利用など）を講じるというものだが、すべてを失った人びとには敗戦直後の混乱のなかを生きるうえで必須の証書となった。《クライザウ・サークル》の遺族全員がこの証書を迅速に得ている。解放されたシュテルツァーおよび逮捕をまぬがれたモルトケの従兄弟カール・フォン・トロータが五月から市庁本部に幹部として勤務し力添えしたこともあっただろう。親衛隊に没収され空き家となっていたベルリンの元ヨルク宅には、ふたたびフライア親子も住むことができた。

いったんベルリンに集まった女性たちは、ペルヒャウと妻ドロテーに身の振り方を相談し旅立った。

六人の妻それぞれの旅立ち

彼らの最大の悩みは経済的な困窮である。もちろん窮乏状態はドイツ全体を覆っていた。だが「反逆者」の遺族のばあい、占領地区や州による多少の違いはあるが、没収資産の補償措置も講じられず、正規の寡婦年金受給の資格も奪われた。給付されたのは少額の補助年金だけである。周りから同情され保護をうける通常の戦争未亡人とはわけが違う。ナチ崩壊後も処遇は是正されなかった（これと対照的にゲーリンク、ヒムラーなどナチ大幹部たちが巨額の隠し資産を遺族に残していたと、一九五五年七月二〇日の『シュピーゲル』誌は報じている）。

しかも《七月二〇日事件》については、ヒトラーのラジオ談話や「破廉恥漢による裏切り」というゲッベルスの宣伝が浸透していたから、彼ら遺族たちは無視されるか敵意を向けられた。多くが上流市民・教養市民の出であり、貧苦の経験も乏しく、物心両面で人一倍苦闘しなければならなかった。その意味でも人生の再出発となった。以下六人それぞれの人生行路をなぞってみよう。

①バルバーラ・ヘフテン（一九〇八―二〇〇六）

彼女の再出発は、亡夫の里ポンメルン（東ドイツの州を構成）のグランメルティンに住んでまもなく、土地改革で所有地を没収され、「資本主義者」としてロシア人に汚物処理の労働を八カ月間強いられ、四六年五月ベルリンに逃げ帰ったことから始まった。五人の子どものうち年少の二人がジフテリアを患っていたために、数週間ベルリン・ダーレムの父母の借家に同居したが、八月南独フリードリンゲンで交易業を営む伯母夫婦から住居と仕事があると誘われ、五人の子どもと同地に住むようになった。その後亡夫の友人たちの助力で外務省の年金を得ることができるようになったため、五〇年一二月には父母たちとハイデルベルクに定住した。後年、彼女は夫の死から五人の子連れで生きのびた行路を一冊の本に纏めている（『私たちの人生から――一九四四―一九五〇』一九七四年）。そこには反ナチ抵抗者の遺族の境遇に加えて、被追放民となって、危機一髪の国境越えや荒《すさ》んだ人びとの群れのなかを逃避行し生きぬいた労苦が、淡々と記されている。以後彼女は生活苦にあえぐ《七月二〇日事件》の遺族・孤児たちのネットワークをつくり、物心両面の救援活動（後述の「七月二〇日事件の救援機関」）に積極的に参加していく。

②マリオン・ヨルク（一九〇四―二〇〇七）

彼女も亡夫の里ニーダーシュレジエンのクラインエルスに帰ったが、同地がポーランド領となって労働を強制されたあげく、義妹のイレーネとともに四六年一月理由不明のままワルシャワに連行投獄され、ソ連秘密警察の尋問後三月に釈放されてベルリンに舞い戻った。義妹たちがそれぞれ落ち着いて、独り身となった彼女は四二歳にして、「これまでの生き方をかなぐり捨て自立して生きよう」と決心し、最初はベルリンの「ファシズムの犠牲者」救援協会で働いていた。さらにかねて取り組んでいた法律の勉学に励んだ（彼女は結婚前司法官試補見習いをしていた）。四七年に司法官試補試験に合格、委任判事として勤務。最初は地裁民事部の陪席判事に、ついでモアビットの地裁刑事部に異動し、五二年からは女性初の陪審裁判所の所長となった。後年語っている。「私の原点には〈生きる〉という切迫した理由があり、四〇年間ひたすら走りつづけました」と。その彼女は五二年三月《七月二〇日事件》関係者の名誉回復の「レーマー裁判」に、亡夫のための告訴人に名を連ね出廷している。これについては後述しよう。

③ローゼマリー・ライヒヴァイン（一九〇四―二〇〇二）

クライザウから戻った彼女は子どもたちを兄弟や親しい友人に預かってもらい、亡夫の友人たちの援助をうけながらベルリン・シャリテ病院の治療体操指導員として働いた。彼女はかつてスウェーデンで治療体操を学び、夫と同じハレ教育アカデミーの体育講師であった。キャリアアップしてより高い賃金を得るには、新たな知識と技能を得なければならなかった。そこで彼女も一大決心をした。当時ドイツ人の国外渡航はきびしく制限されていたが、フライアの尽力で四六年一二月一日、四人の子と一緒にスウェーデンのルンドに発った。やはり四二歳にしての再出発である。ルンドでは子どもたちを友人たちの家庭に分散して預かってもらい、彼女はルンドとストックホルムの専門病院の講習の聴講生となって学び、空いた時間は働いた。四七年四月ベルリンに帰ったあと、治療体操指導員の職を得て、ようやく自活できるようになった。彼女はさらに整形外科の大学病院付属専門学校で研鑽《けんさん》につとめ、五〇年にはヴァンゼーに開院している。ルンド時代について語っている。「ドイツ人と聞いただけで、人びとに嫌われ非難を浴びたが、子どもたちは豊かな食事に大喜びでした」と。五七年、ローゼマリーはさらにイギリスに学んでドイツ初のボバース法（神経疾患のリハビリ治療方法の一つ）のテラピストとなった。以後夫ライヒヴァインの著作の編集協力や、クライザウをヨーロッパ融和の地とする活動（「クライザウ運動」）に積極的に関わっていく。

5－4　4人の子どもたちとスウェーデンに旅立つローゼマリー・ライヒヴァイン

④クラリータ・トロット（一九一七―二〇一三）

彼女は幼子二人と西側占領地区ヘッセン州ベブラ近郊イムスハウゼン（トロット家の領地城館がある）の義母エレオノーレのもとに身を寄せた。四八年三月に義母が死去したため、ペルヒャウ一家に親子で世話になり、隣のクェーカー派の療養所の手伝いをしていた。決心して五〇年春から実家のあるハンブルクで医学を学修し、五五年に学位を取得後、精神療法医・精神分析医の道を歩み、ハンブルクその後西ベルリンに医院を開業している。ローゼマリーと同じくクラリータもクライザウ運動の推進者の一人として行動していく。

⑤アンネドーレ・レーバー（一九〇四―六八）

彼女は母親、義理の兄弟、二人の子どもたちとベルリン西方マグデブルク近郊のホルドルフに住んでいた。終戦後すぐに彼女はベルリンに全員で移住し、夫がダーレンドルフと営んでいた石炭販売業を引き継いだ。夫の処刑後、福音派から夫と同じカトリックに改宗し、解放されたダーレンドルフのすすめで四五年六月社民党に入党、一〇月にはソ連占領地区で発足した同党中央委員会の幹部職員となった。保守的な亡父の影響でミュンヘン大学法学部を中退し洋裁師となった非政治的なアンネドーレであったが、夫の死を契機に変身した。長女カタリーナいわく「父が乗り移ったわ」。四六年四月モスクワ主導の社民党と共産党との統合（ドイツ社会主義統一党〔ＳＥＤ〕）を嫌って、彼女はソ連占領地区を離れ、戦後の初代党首クルト・シューマッハーの西側社民党に入った。同党関係の出版活動にたずさわる一方、ベルリン市議会でも有力議員となっていく。マリオンとともに彼女も「レーマー裁判」の告訴人の一人である。

⑥フライア・モルトケ（一九一一―二〇一〇）

彼女も文無しであった。実家の実業家ダイヒマン家の兄たちに援助を求めるほかなかった。だが彼女には夫モルトケの築いた国内外の有力な人脈があった。その一人が、戦時中も夫と文通していたイギリスの元政府高官兼作家ライオネル・カーティスである。フライアは四七年一月、彼の助力を得てイギリスから南アフリカ・ケープタウンに渡った。彼女にはモルトケの祖父の遺産（亡夫の母方は南アフリカ自治領のイギリス人である）を引き継ぐ仕事があったが、何より子どもに周囲を気にすることなく、自由に育ってほしかったからだったという。以後フライア母子は四九年、五三年に母国ドイツに一時帰国したとき以外、五六年まで同地で生活した。彼女自身は福祉事務所で黒人の肢体不自由者の保護司として一〇年働いている。だが結局、アパルトヘイト（人種差別隔離政策）に我慢できず、南アを去った。その間亡夫の人脈につらなる著名なアメリカ人女性ジャーナリストの草分け、ドロシー・トンプソンの

5－5　1949年アメリカ旅行中の講演案内ポスター

支援をうけながら、四九年秋から単身三ヵ月間「ドイツ・レジスタンス生存者援助委員会」の招聘で、アメリカ各地九都市二三回の講演旅行をしている。講演予告のポスターには「フライア・フォン・モルトケ伯爵夫人――反ナチレジスタンスのドイツ女性」と大きく書かれている。このとき彼女には《七月二〇日事件》の孤児たちの義援金集めという目的があった（『フライア・フォン・モルトケ――一世紀の生涯』）。

読者は気づかれただろう。《クライザウ・サークル》の女性たちには亡き夫の遺志を戦後に引き継ごうという意思と行動力がある。彼女らは再婚することなく、「最期の手紙」を読み交わし、終生互いに連絡しあう絆で結ばれていた。それは子どもたちにも受けつがれている。ペルヒャウを司式者にしたフライアとバルバーラの子ども同士の結婚は、その一例である。この六人の女性は戦時下あるいは占領期の社会でも相当に差別的な言動を体験したが、直接「反逆者の妻」とか「裏切り者の子ども」呼ばわりされたかは語ってはいない。だがこれについて、モルトケとヨルクの同志、神学者ディートリヒ・ボンヘッファー（マリオンとギムナジウムの同級生であった）の兄クラウスの妻エミィ・ボンヘッファー（一九〇五―九一）の事例がある。

5－6　モルトケの次男コンラートとヘフテンの末娘ウルリケの結婚を祝うペルヒャウとフライア・モルトケ（1965年）

亡夫を誇るエミィ・ボンヘッファー

エミィは法律顧問の夫クラウス・ボンヘッファーが終戦直前の四月二三日に四四歳で処刑されたあと、ただちに二〇〇マルクと「最期の手紙」だけを手に自転車でベルリンから郷里のホルスタインに逃れた（彼女は兄と夫の親族五人が処刑されている）。最初は一三歳、一〇歳、六歳の子をかかえた彼女を実家の家族が助けたが、その後、戦争寡婦年金月額二四〇マルクをもらえるようにな

5－7　クラウス・ボンヘッファーとエミィ夫人（1929年）

った（ちなみに極度の品不足と物価暴騰《ぼうとう》のため闇市で卵一個一二マルク、マーガリン一箱一〇〇マルクであったという）。一九四七年にアメリカにいる兄から小包が届いたが、やがて反ナチ抵抗者の家族名簿を入手したニューヨークの牧師の支援で教会からの食糧小包が多く届くようになった。彼女は小包を東ドイツもふくめ貧窮家族に郵送する救援活動を無償でおこなっている。さらに発足した「七月二〇日事件の救援機関」にも加わった。四五年から七年間母子四人で一六平方メートルの屋根裏部屋に住み、最初の数カ月は一つのボウルで塩漬け鰊《にしん》やジャガイモを洗い、洗濯をもする極貧生活を送った。そのさなか、年上の娘コルネリエが通学途中、電車の運転士に「父さんは戦死したのかい？」と問われ、「いいえ、ヒトラーに反対して殺されました」と答えたところ、「薄汚い裏切り者の子め！」と罵倒されたという。この話を聞いてエミィは決断した。夫のパスポートの写真を等身大に引き伸ばして一面だけの壁に掛け、毎年大晦日《おおみそか》の夜、ロウソクを灯《とも》し、父亡きあと家族を誇りにつよく生きることを説く、長文の「最期の手紙」を読み聞かせた。子どもたちの心にはやがて「偉大な父」の真実が焼きついた、と。もっともエミィは反省していう、「ちょっとやりすぎたわ」。

　こうしたエミィのような母親は例外だろう。遺族たちの多くは貧困にあえぎながら、夫について語ることなく沈黙しひたすら堪えていた。「裏切り者」と決めつける冷たい世間の目におびえるとか、あまりに苦しく悲しい過去を封印しておきたいとか、沈黙には様々な事情がある。だが人知れず世の片隅に潜んでいては、事態は変わらず、命を賭した抵抗者の行動の意味も朽ち果ててしまう。親の行動を子どもが誇れるようにしよう、そのために助け合っていま現在の苦境を抜け出すことから始めよう、こう考えるのもごく自然である。

「一九四四年七月二〇日事件の救援機関」の結成

　終戦直後から全国各地に種々のナチの被迫害者の救援組織がつくられている。連合軍政府もそれを後押しした。ベルリンの「ファシズムの犠牲者」救援協会はその最初のものだが、組織の立ち上げにはアンネドーレ・レーバーの尽力が大きいという。当初はイデオロギー色を排除し、抵抗運動の関係者が立場の違いを超えて協力し運営していた。この救援協会をふくめ各地の組織団体はその後、連携し拡大をつづけ、占領地区を横断する「ナチ体制被迫害者連盟」(VVN)に結集した。最初、マリオンは結成の代表団の一人にもなった。だが東西の政治的緊張が高まり、この連盟にモスクワ主導の性格が強まったために大同団結も崩れ、アンネドーレやマリオンもこの連盟から離れていく。一九四八年以降は西側だけの各種の救援組織が結成されていった。

こうしたなかにあって、二〇〇人の処刑者を生んだ《七月二〇日事件》の遺族と生存者は、特異な存在であった。彼らは最初から社会的に烙印を押されていた。そのため他の救援組織にくらべて同志意識も強く、纏まるのも容易であった。四五年秋、「一九四四年七月二〇日事件の救援機関」と名づけて組織を立ち上げるために以下の五人の発起人が集まった。トレスコウやシュタウフェンベルク大佐の同志であり王室ホーエンツォルレン家の財産管理代行者となったカール=ハンス・ハルデンベルク伯(一八九一―一九五八、自決に失敗し強制収容所で手当てされ、死刑判決をうけたが、四月二二日ソ連軍により解放、妻レナーテも逮捕拘禁)夫妻、トレスコウの副官で従兄弟の弁護士シュラープレンドルフ、実業家ヴァルター・バウアー(熱心な告白教会の信徒で《フライブルク・サークル》メンバー、《七月二〇日事件》で拘禁)、エリーザベト・シュトリュンク(カナリス、オスター、D・ボンヘッファーらとともに四五年四月九日処刑された法律家テオドア・シュトリュンクの妻、逮捕拘禁)。

彼らはいずれも《七月二〇日事件》に直接関わりをもつ人びとである。それだけに遺族とりわけ寡婦や孤児の救援に、強い使命感があった。目標は迅速に資金を集めて、速やかに支援することである。彼らには様々な人脈があった。当面、この機関の所在地をイギリス占領地区ドイツ北西部ニーダーザクセン州ブラウンシュヴァイクにあるハルデンベルク伯の住所（ネルテン・ハルデンベルク）に定め、レナーテ夫人を会計責任者として発足した。

「一九四四年七月二〇日事件の救援機関」は、四六年早々に国内の個人や企業、英米両国に移住した人びとに窮状を訴えて義援を求めた。反応はあった。イギリスでは早速チチェスターの主教ジョージ・ベル（D・ボンヘッファーの親友）が「七月二〇日記念基金」を設立し、アメリカではドイツ人移住者を中心に「ドイツ・レジスタンス生存者援助委員会」がつくられ、義援活動に乗り出している。フライアを呼んだのはこの委員会である。寄付金、義援物資などが次々と送られるようになったが、何よりも大きかったのは、「ドイツ福音派教会救援機関」の巨額の醵金《きょきん》である。そのおかげで四六年夏には三五〇人の寡婦と孤児を救援できたという。ちなみに、翌一九四七年の寄付金総額一五万四四九〇マルクのうち八万マルクがこの機関からである。

ここで付言しておこう。ナチ体制に屈服しなかった教会は、戦後初期のドイツが「教会の時代」といわれるほど圧倒的な信望を集め、また占領軍政府にも渡り合うことができたことである。占領軍政府も教会の役割を無視できず、「非ナチ化」の鑑定協力を依頼した。教会

5－8　1940年代後半、「救援機関」を積極的に支援していたころのオイゲン・ゲルステンマイアー。49年CDUの連邦議会議員を経て54年から69年まで連邦議会議長を務めた

もすすんで社会の窮乏の援助活動等々の任を負うようになっていた。ナチ期に内部分裂した福音派教会も緊急に修復を迫られ、「ドイツ福音派教会」として再出発した（四五年八月三〇日）。このとき、声望ある指導者ヴルムの提唱で窮乏者や大量の被追放民・難民の救援事業をになう「ドイツ福音派教会救援機関」も発足した。右に挙げた大口醵金はこの機関からであった。しかもその代表者がゲルステンマイアーである。彼はすでにテーゲル刑務所拘禁中にこの救援機関を構想していたという。解放後彼は精力的にその組織づくりに邁進し、ペルヒャウに事務局長となるように求めたが、一年間だけ彼はその任を引き受けている。

ペルヒャウはその後、ソ連軍政府支配下の東ドイツの依頼で監獄制度改革の顧問と、親友のハンス・ペータースが法学部長を務めるベルリン大学（四九年フンボルト大学と改称）の犯罪学の講師に就任している。彼はソ連が管理する監獄をくまなく視察し、過酷な懲罰でなく持論の「矯正」（教育的立場から更生をめざすこと）の見地から組織改革を提唱するが、まったく受け付けない硬直的な官僚制に失望し、顧問を辞した。ペータースも共産党員、SED党員やその幹部の子弟の入学を優先する大学の現状にたいする改革案を提出し、ケルン大学へ去った。ペルヒャウはSED幹部から提供された正教授職を断り、四九年テーゲル刑務所の牧師に復帰している。

一方、ゲルステンマイアーは「一九四四年七月二〇日事件の救援機関」にも積極的に関与していく。四七年八月には財団としての定款が定められ、管理・決定機関もつくられた。事件の関係者であった著名人、たとえばペーター・ヨルクの従姉妹《いとこ》でジャーナリストのマリオン・デンホフ（ゲシュタポの追及を逃れ、四六年発行された週刊新聞『ツァイト』の編集者となった）、アンネドーレ・レーバー、神父アウグスティン・レッシュ、歴史家ゲルハルト・リッター（《フライブルク・サークル》の元メンバー、四五年四月釈放）、古代史家アレクサンダー・フォン・シュタウフェンベルク（クラウスの兄）が参加し、組織も強固なものになっていった。

「七月二〇日事件の救援機関」は遺族・関係者の短期的な経済支援と連帯が目的であった。だが事業が軌道に乗りメンバーも増えて存在感を増すにつれ、年金受給や資産補償の問題など政治的、社会的レベルでも遺族の利益を代表するよう求める声が、高まってくる。彼らにとって《七月二〇日事件》は反ナチ抵抗のシンボルであり、それが正当に評価されることを切望していた。だが占領期にはその活動が抑えられた。

「非ナチ化」と否定された反ナチ抵抗運動

占領政策において「非ナチ化」は基本方針である。だから反ナチ抵抗者は軍政府にたいして堂々と行動できる立場にある。ゲルステンマイアーは福音派教会の政治的代弁者の地位にあったし、解放された人びとも復職した。さらにテオドア・シュテルツァーやペータース、パウルス・ファン・フーゼン（一八九一—一九七一、元行政裁判所判事、《クライザウ・サークル》の元メンバー、一九四五年四月、三年の禁固刑）たちは、新たにキリスト教合同政党＝キリスト教民主同盟（CDU）の結成にも参加した。また、「ニュルンベルク裁判」（四五年一一月—四六年一〇月、継続裁判四六年一二月—四九年四月）によって、いまやナチスの蛮行が世界に明らかになった。この裁判で新たに「人道にたいする罪」という刑罰規定が設けられたのも、ナチスの蛮行が理由であった。ナチの職業エリートは罰せられ、ナチ党員の公共的職業からの追放・排除も基本方針となった。

だがこうした占領政策と反ナチ抵抗運動の評価とは無関係である。シュテルツァーが四五年九月にイギリス軍政府からシュレスヴィヒ・ホルスタイン州のレンズブルク郡長、さらに同州知事に任命され、あるいは弁護士フーゼンが四八年ケルンのドイツ上級裁判所判事に任命されたのは、彼らがナチズムに与せずその職歴からも行政手腕、司法官の能力に長《た》けた人物だからである。ナチ党員が排除されて人材不足が深刻になっていたが、ことさら抵抗者であったからではない。むしろ彼らはそのことについて黙秘するように指示されたという。各国軍政府は最初からドイツ人反ナチ運動の存在を無視し、否定しようとした。

ソ連軍政府のばあい、ナチ党員は徹底的に粛清され、共産党員やSED党員がその職に就いた。だが反ナチ抵抗は「人民に根をはる運動」ではなかったとして、否定された。だから仮にその存在を認めるにしても、ナチスの宿敵の共産主義者の行動に限っていた。

英米軍政部も反ナチ運動を否定する方針をとった。英米両国の最上層部は、戦時下にゲルデラーやモルトケたちのグループが停戦を求めて接触してきたことや、ヒトラー排除をめざす彼らの反ナチ運動の幅広さもよく知ってはいた。だがそれは伏せられた。あくまでヒトラードイツが内部の敵対勢力の助力なしに無条件降伏したという事実だけが、必要とされたからである。絶対的な戦勝国としてドイツに臨むことが重視された。

この方針は占領政策にも踏襲された。抵抗運動研究者シュタインバッハによると、ドイツ人抵抗運動を認めると、「非ナチのより良いドイツの存在」をも認めることとなり、その代表として生存者たちから占領政策方針と異なる要求が出されるのを恐れたからだという。

『声なき蜂起』（一九五三年）の著者ヴァイゼンボルンは《ローテ・カペレ》に与し、四五年四月ソ連赤軍によってルカウ刑務所から解放された人物である。その彼も、戦勝国側がドイツの抵抗運動を知る手がかりになるような一切の証拠を厳重に取りたて、自国の文書のなかに埋没させたこと、そのために抵抗運動の調査研究の大きな障害になり、抵抗の事情を知るドイツ人たちもその実態を明らかにする資料を失ってしまったことを指摘している。したがって数百におよぶという非合法抵抗グループの実際は不明である。

英米の占領政策にはドイツへの不信が根底にあった。解放した強制収容所や絶滅収容所のすさまじい非人道的な実態に大きなショックをうけていたからである。それがドイツ人全体を悪者だとする「集団の罪」の施策に凝集した。その点からも「もう一つのドイツ」が存在しては齟齬《そご》をきたすことになる。とくにアメリカ占領地区のばあい、街々に強制収容所のホロコーストの写真ポスター（表題「この蛮行を見よ、君らの犯した罪だ！」）が貼られ、ドイツ人一括《ひとくく》りで「罪」が非難された。

ところが全体の責任や罪をいうことほど、個人の責任や罪を曖昧にするものはない。占領直後から公職追放が始まっていたが、さらに一八歳以上の全住民にナチ党籍の有無や役割までを問う「質問紙」が用意された。だがドイツ側機関に負わされたその審査には、腐敗や不公平など多くの問題があり、強い反発をうけて四八年末には打ち切られた。結果として、モルトケやペーター・ヨルクたちが求めた贖罪や自省の態度とは反対に、審査の対象者は責任をヒトラー個人に転嫁して自分の責任には口をつぐむだけとなった。

その一方で、ナチ犯罪を阻止しようとした命がけの反ナチ活動は無視され、隠蔽《いんぺい》された。抵抗者たちの反ナチ行動が何であったのかを、ドイツ国民に示し、それと向き合わせることは、自省を迫るきっかけになっただろう。だがその存在すら隠蔽されたために、大方の国民にはたんに戦勝国による一方的な「勝者の裁き」という不満だけが、渦巻くことになってしまった。ナチズムを拒否した抵抗運動を隠蔽して実施された「非ナチ化」には、何とも不可解な側面がある。

こうしてナチズムを反省する好機は失われた。反ナチ抵抗運動が「背後からの卑劣な陰謀」であるとするナチ期のイメージが、そのまま国民大衆に残された。先述の一一人のインタビュー記録でも、こぞってこの事実が指摘されている。ローゼマリー・ライヒヴァインははっきりいう。「占領軍政府は抵抗運動があったことを漏れないようにしました」。

外国での出版

ドイツ人抵抗運動を否定した占領政策は、許認可制をとる新聞、放送、映画、出版物などメディアすべてに貫かれた。観客たちに人気のチャップリンの喜劇映画やニュース映画は上映されても、そのニュース内容は検閲された。当然ナチ的な著述の出版は禁止され、強制収容所の悲惨な実態やナチ犯罪の告発、ヒトラー支配の被害者体験記などは推奨された。だがドイツ人による反ナチ抵抗運動を伝えるものだけは許可されなかった。

たとえば、刑死したシュテュルプナーゲル将軍の伝令将校だったエーリヒ・ヴェーニガーは、教育学者として《七月二〇日事件》を教材化しようと最初に紹介した人物だが、記憶の鮮明なうちに纏めた一九四五年八月の著述は出版を認められず、結局占領体制の終了した四九年秋にようやく日の目を見ている。そのため出版しようとすると、どうしても国外のメディアに頼るほかない。たとえば本書が再三引用したルート・アンドレアスの『影の男』のばあい、こうである。

彼女は夫レーオ・ボルヒャルトの不慮の死（彼は四五年八月二三日夜、演奏終了後ルートと一緒にイギリス軍大佐の招待先から車で送られて帰る途中、アメリカ軍検問所で誤射され即死した）の悲しみを乗りこえて、「（世界中に国民全体が軽蔑《けいべつ》されているなかで）ヒトラー政権下でもドイツにまっとうな人間が生きていたこと」を伝えようと出版を決意した。その序文は「四五年一〇月、ベルリンにて」となっている。だがただちに出版できたわけではなかった。もともとジャーナリストであった彼女は、この原稿（仮題『ナイン』）を一九四五年末に占領軍の郵便ルートを利用して、かつてアメリカ亡命を支援したことのあるユダヤ人友人に送った。その英訳版が著名な出版社ヘンリー・ホルト社に渡って、『ベルリン地下組織』の書名で四七年はじめ、ニューヨークとロンドンで出版された。それが今度はドイツに送られ、『影の男』（街角に潜むゲシュタポの密偵の意）とミステリアスな書名に変えて同年七月に出版された。いわば逆輸入版である。

きびしい出版規制を知るマリオン・デンホフは、四五年にイギリス占領地区のハンブルクで『四五年七月二〇日を憶う』をわずかな部数、私家版として出しているが、それが世に知られることはなかった。しかも抵抗運動の実態を明らかにしようにも、大方の資料が没収されていたから、その全貌《ぜんぼう》を捉えようとする叙述はきわめて稀であった。そうしたなかで生存者シュラープレンドルフ『ヒトラーに抵抗した将校』（四六年）、処刑された外交官ハッセル『もう一つのドイツ』（彼の日記の編集、同年）、ジャーナリストで自ら強制収容所の体験者ルドルフ・ペッヘル『ドイツの抵抗』（四七年）などは、すべてスイスのチューリヒの書肆《しょし》から出版された。ちょうど四

5－9　ニューヨークで出版された『ベルリン地下組織』の初版

六年から四七年までスウェーデンに滞在してハッセルの『日記』を手にしたローゼマリーは、それをドイツで入手することがいかに難しいかを思い知ったという。

ルート・アンドレアスは四六年一一月二〇日、戦後相次いで発刊された西側ドイツの日刊新聞『ターゲシュピーゲル』と『ヴェルト』が、「ドイツに抵抗運動はなかった」とドイツ女性が一〇月アメリカに旅行した際の発言を紹介し、それに同意している記事について、こう感想を述べている（以下は筆者の訳だが、邦訳も参照した）。

（抵抗運動が）存在しなかったという立場を引き継いで、『ヴェルト』紙もつぎのように結論づけている。今日までドイツでは、ナチズムにたいしてポーランド、フランス、オランダ、ベルギー、ノルウェーに見られたような抵抗運動家たちの連帯はなかった。ドイツにあったのはただファシズムの犠牲者たちの横のつながりであり、受苦者の団体、生贄《いけにえ》の子羊の社会的集団だった、と。（中略）しかしどうして受け身なことにだけ的をしぼるのだろう。

（『舞台・ベルリン——あるドイツ日記一九四五—四八』）

反ナチズムの世論形成の役割をになうメディアも、占領政策に歩調をあわせていた。占領期をつうじて反ナチ抵抗者の遺族や関係者が疎外され、その後も大方の国民に反ナチ運動が否定されたのも、こうした反ナチ運動の隠蔽という占領政策が関わっている。

2 分断国家のなかの反ナチ抵抗運動

反ナチ抵抗運動の分断

占領体制が終わると、反ナチ抵抗運動の生存者や遺族の活動は新たな展開を迎えることになった。それは一方では彼らの活動を前進させたが、他方では反ナチ活動の意味を異なるものにした。東西ドイツという「二重の建国」が直接に影響を与えたためである。

少し説明しよう。一九四九年五月にボン基本法が、一〇月には民主共和国憲法が制定され、西ドイツはボンを暫定的な首都とし、東ドイツはベルリンを首都にして建国され、ドイツは分裂国家となった。そのベルリンも西と東に分断され、西ベルリンは実質的に西ドイツに準じることとなった。国家とはいいながらも五五年までは、主権が制約されている。以後両国とも主権国家の地位を確立し、一九九〇年に西ドイツが東ドイツを編入して再統一されたドイツが成立するまで、この状態はつづく。国家運営の基本に、かたやソ連スターリン指導の社会主義の建設があり、かたやアメリカと西ヨーロッパの一員として反共主義がかかげられた。

こうした両国の違いが、本来ナチズム打倒のために結集した多様な抵抗グループをどう見るかに反映された。それは、当時全体像が不明ながらもソ連のスパイ組織として流布していた《ローテ・カペレ》のグループと、《七月二〇日事件》関係のグループとに集約される。

東ドイツは当初、ソ連諜報関係の出版禁止措置をとっていたから《ローテ・カペレ》を公式には取りあげなかったが、六〇年代から共産主義者の勇気ある抵抗として顕彰し、遺族や生存者たちも称えられている。その標《しるし》が、幾種類にもおよぶ切手の図像や追悼碑、記念碑である。ファシズムから共産主義者が自己を解放したという建国の建前からも、そうする必要があった。グループは反ナチの闘士としてイデオロギー教育にも積極的に利用される。だが《七月二〇日事件》関係のグループは保守的グループとして黙殺された。こうした事態を反映して、反ナチ運動は労働運動研究の一環として取りあげられても、しっかり学問的に取り組もうという動きは久しく生まれなかった。マルクス・レーニン主義をかかげるSED指導部のもとでは、現実の課題でもないということだろう。

一方、西ドイツの状況はこれと反対である。連邦政府が東ドイツとの対決姿勢を強めるなかで、《ローテ・カペレ》は反ナチ抵抗グループとしての意義を失っていく。これには歴史家ゲルハルト・リッターが『カール・ゲルデラーとドイツ抵抗運動』(一九五四年)を著し、そのなかで《七月二〇日事件》を学問的に支援しながら、《ローテ・カペレ》をソ連側グループとみてドイツ抵抗運動と無関係にしたことも、大きく影響している。では《七月二〇日事件》が栄誉をになったかというと、そうではない。名誉回復のためには、多大な努力が必要であった。初代首相アデナウアーの新体制が、ナチ期の官公吏や政治エリートを大量に国家機構のなかにかかえて出発したからである。社会的市場経済の理念のもとに経済が急速に回復し発展した五〇年代だが、「過去」を清算する姿勢は、恩赦や刑免除の乱発により曖昧にされた。消費拡大と輸出を牽引したのがヒトラーの努力した大衆車フォルクスワーゲンであったことは、歴史の皮肉というほかない。

では反ナチ抵抗運動のシンボル《七月二〇日事件》はどのように理解され、位置づけられていくのか。

国民意識のなかの《白バラ》運動と《七月二〇日事件》

一九五一年一〇月の全国世論調査に「今世紀でドイツがもっともうまくいった時期はいつか」という項目がある。結果は「第三帝国」（四四％）、「帝政期」（四三％）、「ワイマル期」（七％）の順である。分析グループはこの理由を、ヒトラーの第三帝国時代と第一次世界大戦までのドイツ帝国時代の両時期が失業もなく給料ももらえ昇給もして秩序もあった、とみなされたことに求めている。つまり実利一辺倒の基準でその時代が最良と判断された。しかも他の調査結果を見てみると、政治的無関心という回答が顕著である。記憶に生々しいはずのホロコーストやナチ犯罪に自分がどう関わり行動したかは、意識の下に押し込められている。まだ生活費は潤沢ではなくともようやくつかんだ不安のない私生活に浸って、道義的に都合の悪いことを忘れようとしていたのだろう。その意味では大多数の人びとにとって、反ナチ抵抗者がたんなる「裏切り者」とされていたほうが、心は安らいだ。

これにたいして、占領統治の規制から解放された「財団法人七月二〇日事件の救援機関」は、堰《せき》を切ったように活動した。活動は遺族たちへの支援だけではなかった。各種メディアをつうじて抵抗者の行動の意味を伝え、政治にも働きかけている。かつて全権委任法に賛成票を投じたことを深く反省する初代大統領テオドア・ホイス（ドイツ民主党〔FDP〕）も、この機関の活動に協力するようになった。

ヴァイゼンボルンの『声なき蜂起』巻末の関係著書一覧をみると、資料の没収というハンディにもかかわらず、五三年までに国内外で発行された抵抗運動関係の記録や書籍は数多い。《クライザウ・サークル》の元メンバーたちも執筆し、積極的に発信した。アンネドーレ・レーバーはすでに四七年以降、自ら設立した出版社をつうじて抵抗運動をふくんだ政治教育書を刊行していた。さらに五四年には『良心は蜂起する——ドイツ抵抗運動六四人の群像』

を、亡夫を師とした反ナチ亡命者・連邦議会議員ヴィリィ・ブラント（一九一三―九二、社民党、四五年亡命から帰国）、若き歴史家カール・ブラッハーとともに刊行し、ひろく読まれていく。

もはや反ナチ抵抗は「裏切り」とか「謀反」のレベルに捨ておく問題ではなくなっていた。それを最初に包括的に伝えたのが、著名な歴史家ハンス・ロートフェルスの『ドイツ人の抵抗――一つの評価』（一九四九年）である。彼は《七月二〇日事件》を「良心の蜂起」と規定し、反ナチの言論人オイゲン・コーゴン、ルドルフ・ペッヘルたちも同様の立場から論陣を張った。有力日刊新聞も追随し、マリオン・デンホフが編集者の一人であった週刊新聞『ツァイト』のばあい、反ナチ抵抗運動を「遺産」として継承すべきとするキャンペーンをおこなっていく。

こうしたメディア、言論界に高まる反ナチ運動の評価をうけて、五一年一〇月二日、西ドイツ政府首脳は記者会見でこれまで反ナチ運動を放置したことについて謝罪した。あわせて、《七月二〇日事件》の犠牲者の追悼と、生存者や遺族たちを侮辱から守るとともに、財政支援することを表明している。現に翌三日には連邦議会で「七月二〇日事件の救援機関」に国庫補助金を毎年支出する措置が承認されている。これにはキリスト教民主同盟（CDU）のアデナウアー政権に入閣したカトリック系の元抵抗者たちであるローベルト・レーア（内相）、ヤーコブ・カイザー（全ドイツ問題担当相）、ハンス・ルカシェク（難民問題担当相）、四九年から連邦議会議員となったゲルステンマイアーたちの尽力がある。

だが、政府が反ナチ抵抗運動の問題に本腰を入れるようになったことに、国民大衆はむしろ冷ややかであった。彼らが認めるのは《白バラ》運動だけであった。なぜだろう。

ハンス、ゾフィーのショル兄妹に代表される《白バラ》運動は、事件直後からミュンヘン市民に同情があり、戦後になると敬虔なカトリックの若者たちによる「純粋な良心に根ざす行動」として人気があった。研究者F・ガイケンによると、四五年末、郷里でショル兄妹を追悼する「ウルム民衆大学（社会教育施設）」の設立を姉インゲ・ショルが友人オトゥル・アイヒャーと企画し募金をしたところ、多額の醵金が集まり、会員も数日間で二五〇〇人に達したという。さらにインゲはかねて準備していた『白バラ』運動の手紙や資料をもとに青少年向けの読本『白バラ』をコーゴンの援助で五二年に刊行した。この本はハンスとゾフィーの生涯について生い立ちから処刑までを家族、大学の仲間との関係もまじえて描き、『白バラ通信』全四信と「抵抗運動のビラ」「最期のビラ」を巻末に付したものである（邦訳書『白バラは散らず』がある）。彼らの行動は多くの書評で「青年の純粋さ、誠実さ、勇気」を称えられ、「非のうちどころのない行動」とまで絶賛された。同書は西ドイツの学生を中心にひろく読まれて版を重ね、例外的に東ドイツにも波及している。

ところが《七月二〇日事件》となると、青年の純粋さの次元で理解されることではなかった。これを端的に示している全国世論調査（五一年六月―五二年一二月実施）がある。その概要は以下のようになっている。

①「ヒトラー暗殺を企てた〈七月二〇日事件〉を知っているか」
知っている―八九％　知らない―一一％
②「〈七月二〇日事件〉の人びとをどう評価するか」
良い―四〇％　迷う―三％　悪い―三〇％　判断できない―一六％　事件がよくわからない―一一％
③「戦時下に抵抗すべきであったか、戦後まで待つべきであったか」
抵抗すべきである―二〇％　待つべきである―三四％　どちらにせよ抵抗すべきでない―一五％　わからない―三一％
④「反ヒトラーの抵抗運動がなかったら、ドイツは最終的に戦争に勝ったか」
勝った―二一％　多分勝った―一五％　負けた―四五％　わからない―一九％

いまなお抵抗者たちを肯定的に評価する回答は、四〇％にとどまり過半数には満たない。

戦後まで待つべきだという三四％の回答は、なぜこの時点で抵抗したかの意味がよくわかっておらず、抵抗運動の意図を理解して支持したのは二〇％だけだとみてよい。しかもドイツの敗戦の原因を抵抗運動に結びつけて考える回答が、三六％におよんでいる。それは事件後七年を経て、なおも国民の多くにヒトラーの呪縛が残っていたことを表している。

またこのような世論の動向を背にして、占領期の結党禁止から解き放たれた極右政党も激しく反ナチ抵抗運動を攻撃している。

極右勢力の《七月二〇日事件》の攻撃

極右の台頭という事態について、一九五一年七月一九日、『ツァイト』は「七年後」の見出しでこう記している。

当時「反逆者」とされた人びとがいまふたたび「反逆者」とみなされている。（中略）ドイツではまたネオナチが大手を振って行進を始めている。一九四四年に暴虐に反対した闘士たちをドイツ軍から罵って追い出した将軍たちが、ふたたび大口をたたいている。自分を指揮する司令官（ベルリン防衛司令官ハーゼ将軍）の代わりに宣伝相（ゲッベルス）に従った少佐（ベルリン守備大隊長レーマー）はいまでは軍人の忠誠を自慢している。彼は、戦争を長引かせることに手助けして、幾千の戦友を死なせた行動をひけらかし、自分がヒトラーの将軍になり、戦後ドイツでは党指導者になる運命だったという。（中略）このままだと、七月二〇日事件の生存者たちは反独裁の蜂起後一〇年もたたないうちに、外国に移住して生活することになるだろう。

この記事は、極右の代表とりわけ文中の人物オットー・レーマー（一九一二―九七）が共同創立者の社会主義国家党〔SRP〕の動静を伝えるものである。このレーマーはヒトラーによって二階級特進し、さらに少将にまで昇進した人物であって、敗戦とともに逃亡したがアメリカ軍に捕まり四七年まで戦犯収容所生活を送った。釈放後はレンガ工として生活しながら、極右の運動に入り、《七月二〇日事件》の鎮圧者を名乗って信奉者を集めた。レーマーを看板にSRPは五〇年以降急速に支持を得て、勢力を拡大している。この政党の地盤となったのがニーダーザクセン州ブラウンシュヴァイク、奇《く》しくも「財団法人七月二〇日事件の救援機関」の所在地と同じである。

この地域は伝統的にナチ党支持の地域として知られていたが、SRPは五一年五月の州選挙では一一％の得票数で議員一六人を擁する州議会第四位の政党となった。党員数も同州を中心に一万人におよぶ。選挙戦では抵抗者たちを「国家反逆者」と罵倒し、ホロコーストを正当化して、さらに基本法体制の批判を公然とおこなっていた。さすがに連邦政府は五一年二月二七日の政府決定でSRPを、ソ連モデルをかかげ政権打倒を主張するドイツ共産党とともに「憲法に敵対するもの」と宣告していた。だが、それだけではすまなかった。西側諸国の一員になった西ドイツのイメージが、著しく損なわれる事態となっていたからである。

すでに四九年一〇月、「七月二〇日事件の救援機関」に義援活動をしてきたアメリカの「ドイツ・レジスタンス生存者援助委員会」のメンバーで、かつて停戦交渉の相手であったアレン・ダレスをつうじて、義援金や物資を集める活動が難しくなっていること、その特別の障害が「新聞やラジオで〈七月二〇日事件の人びと〉を誹謗する二、三の政党やレーマーのような有名人物の行動」であると、伝えられていた。また一一月末にはフライア・モルトケ自身、アメリカ講演旅行で「ドイツ人にたいする露骨な反感や（反ナチ運動のようなものは知らないし嫌いだという）辛辣《しんらつ》な言葉を浴びた」経験を語っている。敗戦後ローゼマリーの体験したドイツ人＝ナチという見方は、極右の躍進によって西側諸国の間でさらに深まり、対独観を一段と悪化させていた。事態を危惧したアメリカ高等弁務官（施政権をもつ）ジョン・マクロイの要請により、アデナウアー首相は議会に働きかけ、SRPを五二年一〇月ようやく禁止処分にしている。

病んだ司法界と検事長フリッツ・バウアー

問題は、極右勢力の言動をどうするかにあった。これについては、すでにマスコミで話題となった「ヘドラー裁判」という事例がある。ヘドラーとは保守的地域政党ドイツ党選出の連邦議会議員で、一九四九年一一月末、シュレスヴィヒ・ホルスタインで聴衆を前に「ドイツの敗戦は抵抗運動の裏切りやサボタージュのため」とか、「ユダヤ人のガス殺については他に方法があったかもしれない」と公言し、シュテルツァーたちにより「誹謗と追悼すべき死者にたいする侮辱」などで告発された。だが翌五〇年一月末の裁判では証拠不十分で無罪とされた。このときの判事は三人ともヘドラーの古い仲間で元ナチ党員である。

5－10　ヘッセン州検事長時代のフリッツ・バウアー（1964年）

五〇年代の西ドイツにはナチ犯罪や戦争犯罪人に寛大で無罪とする判決は数多いが、それは司法界が浄化せず色濃くナチ期の体質を残していたからである。ちなみに一九五〇年西ドイツ全体では、一万五〇〇〇人の判事と検事の六六―七五％はいまだ元ナチ党員とされている。このため抵抗運動の誹謗中傷にかんする断罪、さらに運動の合法性と正当性を求めるには大きな困難がともなった。しかも戦後ドイツには、市民の権利と自由を尊重する精神風土が乏しかった。にもかかわらず、反ナチ抵抗の問題を正面から受けとめたのがフリッツ・バウアーである。以下の彼の経歴をみると頷《うなず》けよう。

一九〇三年シュトゥットガルトのユダヤ人紡績商の子として生まれる。修了した同地のギムナジウムの三年後輩にゲルステンマイアー、四年後輩にシュタウフェンベルク大佐がいる。ハイデルベルク大学で学位取得後、三〇年同地の裁判所にドイツ最年少の判事として赴任、ワイマル体制支持者として社民党（SPD）のクルト・シューマッハーと親友になる。

三三年四月、罷免されシューマッハーとともに強制収容所生活を送る。一一月一時釈放されるが、三五年人種法の制定を機に家族と北欧デンマーク、スウェーデンに長期亡命、難民生活を送る。亡命さなかの四三年、のちの連邦議会議員、西ベルリン市長、西ドイツ首相となるヴィリィ・ブラントと出会い、北欧反ナチ組織のメンバーとして活動。シュテルツァーより「七月二〇日事件」を知る。四四年ストックホルムで『裁かれる戦争犯罪者』を刊行（四五年一〇月ドイツ語版をスイスで出版）。

四九年四月、西ドイツに帰国。シューマッハー、ブラントの尽力により、同年四月一二日、イギリス軍政下のニーダーザクセン州司法省からブラウンシュヴァイクの地方裁判所所長に任命、五〇年八月一日、同上級地裁検事長に転出。五二年「レーマー裁判」を担当。五六年（—六八年）ヘッセン州フランクフルト地裁検事長となる（この間受刑者の社会復帰に取り組む）。

五八年一二月シュトゥットガルト近郊ルートヴィクスブルクにナチ犯罪追及センター設立を主導、六〇年アイヒマンの逃亡先を特定し訴追を要請したが却下され、イスラエルのモサドに情報提供（アイヒマンはイスラエルに連行され翌年裁判が始まる）。六三—六五年アウシュヴィッツ裁判を指揮。六八年七月自宅で急死。

（『フリッツ・バウアー』）

この経歴から知られるように、バウアーの生涯はナチズムとの対決に貫かれている。彼はナチ犯罪の追及に人生をかけた。最初の重要な仕事が「レーマー裁判」（五二年三月七—一五日）である。これにより《七月二〇日事件》の意義と事件に関わった人びとの名誉回復が法的に確定することになった。以下、自らも反ナチ抵抗の亡命市民であった検事長バウアーに焦点を当てて述べよう。

3 「レーマー裁判」――名誉回復と顕彰のはじまり

「レーマー裁判」の概要

事の起こりはこうである。

一九五一年五月三日、ニーダーザクセン州選挙の演説会でレーマーが聴衆一〇〇〇人を前につぎのように発言した。「自慢ではないが、私にはベルリンの蜂起を失敗させるうえでいささか歴史的な貢献をしたという自負がある。〈七月二〇日事件〉の連中はいま高い年金をもらっているのだ。私が行動しなかったら、蜂起で補充兵たちが残虐に射殺され、多くの罪のないドイツ兵が命を失っただろう。反逆罪を犯そうとした者には、それがほぼ間違いなく国家反逆の罪だという問題が残っている。こうした謀反人たちのうち、かなりの連中が外国からお金をもらっていた売国奴であったのだ。この連中はいつかドイツの法廷で申し開きをしなければならないだろう」。

だが実際に法廷に立たされたのはレーマーである。彼は追悼すべき死者を中傷し関係者を誹謗したという名誉毀損《きそん》罪に問われた。これを九月末、個人の資格で告発したのが内相レーアであった。ブラウンシュヴァイクの地裁の首席検事は四七年復職した元ナチ突撃隊小隊長だが、この訴訟に消極的で「ヘドラー裁判」の前例を盾にして拒否したという。そのため上級審のバウアーが下級審の検事を指揮して訴訟手続きに入る異例のかたちをとった。バウアーは西ドイツの司法界が「病んでいる」ことを痛感していたから、この訴訟の準備に熟慮を重ね、とくに専門家の鑑定人の選考には気を配った。通常の名誉毀損のレベルにとどまらず、《七月二〇日事件》を司法がいかに判定するかという重要問題であったからである。

もっとも、バウアーには、この《七月二〇日事件》は社会的エリートによって実行されたにしても、反ナチ抵抗運動は総体として地位や主義を越え名もない庶民も参加したものだという認識がある。だから彼の頭には、共産主義のスパイというナチ期のイメージのまま依然としてタブー視されている《ローテ・カペレ》の人びともあった。現に訴訟手続きを準備していた一二月に、《ローテ・カペレ》のメンバーで処刑されたアルヴィド・ハルナックの遺族アンナ・フォン・ハルナックから告訴人となる希望も寄せられたという。

だが反共の最前線という分断国家の現実を前にして、彼は申し出を断った。裁判長は元ナチ党員の地裁所長ヨアヒム・ヘッペ、四三年から五〇年までソ連軍捕虜の過酷なシベリア抑留生活をした人物である。しかもヘッペは「自由ドイツ国民委員会」への参加を拒否して帰還が遅れた。ソ連共産主義にたいする抜きがたい不信感が彼にあっても、不思議ではない。バウアーとしては法廷戦術のうえでも《ローテ・カペレ》グループの審議を除外するほかなかっただろう。

告訴人は内相レーア以外に、マリオン・ヨルク（陪審裁判所所長）、アンネドーレ・レーバー（市会議員）などの遺族四人である。彼女らは自らすすんで申し出た。また原告側証人には その遺族四人をふくめ、ハンス・ルカシェクやファン・フーゼンなど一九人、事件関係者が勢ぞろいとなった。被告のレーマーの弁護人はかつてのナチ司法の幹部ノアクとヴェハーゲの二人、弁護側証人は大赦保釈中の元民族法廷検事長ラウツ、戦犯刑務所服役中の軍高官二名である（ラウツ以外の二人は遅刻し証言しなかった）。

公判以前から〈「七月二〇日事件」司法の判断へ〉という見出しが新聞各紙の一面に踊るほど、「レーマー裁判」は注目を集めた。じじつ、五二年三月七日から始まったこの公判を傍聴する国内外のジャーナリストは六〇人を超えたという。

証言と鑑定意見

《七月二〇日事件》の争点は、ナチ体制にたいする抵抗が、はたしてフライスラーの民族法廷で断罪されたような国賊、国家反逆の罪なのかということである。そのためにバウアーは慎重に証言や専門家の鑑定意見を用意した。国家反逆とみる立場は極右だけでなく、先に紹介した世論調査にもうかがわれるように国民の間にも根強かった。弁護側も、「ヒトラーへの宣誓を破り戦時下に利敵行為をするのは、国家への反逆である」という筋立てをとっていた。まず原告の証言をみよう。

原告の司法官試補アレクサンダー・ハーゼ（ベルリン防衛司令官ハーゼの子）はこう証言する、「父はキリスト教的、倫理的な動機、それに軍人としてかくあるべしという動機から抵抗者の仲間となり、ドイツ国民を究極の破滅から守ろうとしていました」。

ヨルクの妻マリオンもいう、「夫は戦争を終わらせなければならないという考えでした」。ルカシェクの証言はこうである、「計画の詳細は知りませんでしたが、シュタウフェンベルク伯は私に、軍事的状況はまったく絶望的であり、残されているのはキリスト教的責任から暴君を弑逆することだけだ、と告げました」。

アンネドーレ・レーバーの証言内容を裁判記録から知ることはできないが、右の三人同様に、倫理的動機から祖国の破綻を救おうと行動したことが強調されただろう。

こうした証言の内容について、専門家の見地から判断を下したのが鑑定意見である。歴史家シュラム（鑑定人は全員ゲッチンゲン大学教授）によると、敗戦は一九四四年なかごろには確実となっており、サボタージュや裏切りが破局を早めたわけではない、戦況を変えることはもはや不可能となっていた。

抵抗者たちの各種文書や手紙、入念な聞き取り調査にもとづく、国際法のセラフィンの意見によれば、彼らには内部からドイツを法治国家に転換させ、人びとを倫理に目覚めさせよ うという強い願望があった、彼らはドイツ国民すべてがナチズムに屈してはおらず「もう一つのドイツの狼煙《のろし》」を上げようとしていたとする。セラフィンはさらに「七月二〇日のレーマーの役割」を時系列に沿って調べ、レーマーが夜一一時に駆けつけたときには事件はすでに失敗しており、事件鎮圧の殊勲という事実がないことを立証している。これによって「レーマー英雄神話」は、傍聴する信奉者たちの前で失墜したことになる。

「ヒトラーへの宣誓」について、倫理学の立場からアンゲルマイアーはこう報告している。宣誓の基本には人間の信義にもとづく絆がある。その本質は良心に関わるものであって、倫理的に許されるという条件から切り離された「絶対的な宣誓」はありえない。だがヒトラーへの宣誓は、善悪の判断について一切の問いや疑問を排除して、ただ一人の人間に追従することを求めている。「七月二〇日の人びと」はこれを拒否して、ヒトラー自身も誓ったはずの「ドイツ国民の公益」という規範に従った。だからその行動は裏切りではなく、責任意識にもとづくものである、と。

さらに福音派神学の視点からイヴァントは、アンゲルマイアーの報告をこう補強した。彼らが宣誓を破り行動したのは、殺人者の政府ではなく神に服従すべしという「キリスト者としての政治的責任」からである。

この二人の鑑定意見を、弁護側は「個人的見解」にとどめて、反論しようとした。いわく授権法はドイツ議会全体の議決で制定されたもの、いわく良心が強調されると個人は現行法にも拘束されないとみなされないか、いわく国家への反逆が正当だとされると国制の基礎が否定され、対共産主義の防衛も不当なものとなる、等々である。イヴァント教授は一言でしりぞける、「クーデター計画を正当化するのは、国家が獣的な考えに支配されているようなときである」。

一方、被告席のレーマーは最終尋問でも選挙集会での発言を一切撤回していない。依然として彼は、その発言が名誉毀損にあたることを理解しようとしなかった。

論告

連日傍聴席が超満員で、逐一報道された審理の最終四日目の三月一一日、バウアーは論告をおこなっている。彼は、事件にかんする報道が権威や権力に追従するドイツ人の目覚めるきっかけになることを願っていた。この裁判をつうじて国民に学習してほしかった。彼にとってレーマーにたいする懲罰は二の次である。実際、彼はその判断をはじめから裁判官たちに委ねていた。

一時間におよぶバウアーの論告を、翌日の新聞は大々的に報道し、またその反響は大きかった。彼の論告は鑑定意見をふまえた総括的な内容となっている。その重要な箇所を、要約をまじえて伝えよう。
彼は争点の国家反逆罪がはたして成立するのか、それを一九四四年の国家反逆の規定を挙げながら論破していく。

四四年当時妥当していた刑法第八八条では国家の存立を危機におとしいれた者、第九一条第一項では外国政府と関係して国家に重大な損害をもたらそうとする者、第二項では戦時中敵国に利敵行為をしようとした者を、国家反逆者として死刑にするとある。だが抵抗者たちは祖国に尽くそうという神聖な意図をもって行動した。現にシュタウフェンベルクは「神聖なるドイツよ、万歳！」と叫んで死んでいったのである。そもそも七月二〇日には敗戦は決定的であった。この日にはドイツ国民はヒトラー政府に完全に裏切られていたのであり、完全に裏切られた国民はもはや反逆者の対象とはなりえない。敗戦がドイツに最悪の事態をまねくという認識が、ベックやゲルデラーの構想全体の出発点にあった。彼らは敗戦になることを知っていた。なぜなら全世界を敵にまわしていたからである。戦争を回避しようとし、戦争を早期に終結させようとしたのは、ドイツ人同胞の生命を救うためであり、ドイツにたいして世界中がいだく否定的な評価を改めさせるためであった。

バウアーはさらに、ヒトラーの支配が正当なものであったか否かについて言及する。反逆罪が成立するためには「合法的な体制」が前提となるからである。

「第三帝国」はその形式からすると、権力を不法に手中にした合法性を欠く権力であった。その権力を正当化する授権法には全投票の三分の二が必要であったが、違憲的手段で共産党の議席を無効と宣言し、それを可能にしただけである。しかも四三年には失効するはずのものが、総統命令で延長された。だがヒトラーにその権限はなかった。ヒトラーとその政府は法的根拠もなくドイツに存在していたのである。

この見地からすれば、もはや反逆罪は存在しない。バウアーは強調する。

ナチスドイツとは、基本権を排除して毎日一万人単位の殺人をおこなう「不法国家」である。この不法国家にたいする「刑法第五三条にいう正当防衛の権利」は、誰にもある。また危険にさらされたユダヤ人たちに緊急援助をおこなう権利も同様であり、そのかぎりで抵抗の行動すべてが合法的である。不法国家に抵抗する権利すなわち「抵抗権」は人間に付与されている。

「抵抗権」という言葉に、読者はなじみがないかもしれない。だがヨーロッパのばあい、フランス革命など市民革命において一般市民の行動を正当化したのが、この権利である。

バウアーは《七月二〇日事件》についても、それが突飛な出来事ではなく、法制史のうえでも根拠のあることを、中世ドイツでひろく用いられた法典『ザクセン法鑑』（一二二五年）の抵抗権にまでさかのぼって説明する。彼は「国民と人間のもつ抵抗権の最高の表現」として詩人シラーの戯曲「ウィリアム・テル」（自由と独立を求めて圧政に立ち上がったスイス建国のシンボル）から「リュトリの場」を朗読した。

否、限界が専制権力にはある。
圧政に苦しめられている者がどこにも正義を見いだせないとき、
重圧が耐えがたくなるとき、彼は手をのばす、
上へ、泰然として天空に、
そして彼の永久の権利を取ってくる。（以下略）

バウアーは論告をこう締めくくる。シュタウフェンベルクは、私がかつて学んだシュトゥットガルトの人文主義ギムナジウムの同窓であった。生徒たちにはシラーの遺産を守りつぐ伝統があり、「リュトリの場」が演じられてきた。後年シュタウフェンベルクが「七月二〇日の同志たち」と事をなしたのは、この「古き良きドイツの権利」を先人が教え、それを心に刻んだがためである。

判決

裁判長ヘッペは、ナチ支配体制の是非を問う論告を正面から受けとめた。バウアーは、ヘッペに「シベリアの忌まわしい記憶で心を冷たくせず、自由の闘士のために温情に富んだ判断をされる」ように願っている。非公開の判事、参審員による審理は三日間つづいた。

三月一五日に下された判決は、レーマーにたいする三カ月の禁固刑である。判決理由は長文だが、ここでは要点だけを記す。

「七月二〇日の行動」には国家反逆の条項を適用する根拠が認められない。確認できるのは、祖国愛と無私の自己犠牲の精神にもとづいて国家と国民を救おうとする、行動の倫理的要素だけである。したがって国家への裏切りという誹謗中傷は許されない。その論拠となるのは、ナチ国家の「実態」がもはや法治国家ではなく「不法国家」だということであり、さらに七月二〇日時点の戦局がすでに「裏切り」云々という事態を超えていたことである。それゆえ七月二〇日の抵抗者たちの行動は正当である。

バウアーの提起した抵抗権の問題が政治・司法界で論議されるのは一九六〇年代になってからであり、この段階では判決理由でも言及されていない。しかし戦後ドイツ司法界が不法国家という言葉を用いて、《七月二〇日事件》を正当化した初の判決となった。

レーマー側はこれを不服として上告したが、五二年一二月一一日連邦裁判所はこれを棄却して、判決は確定した。

ブラウンシュヴァイク地裁の判決にたいするメディアの反響は大きく、また肯定的に受けとめられた。それは、反ナチ抵抗運動が国民に認知されていく長い道程の第一歩であったが、ひとまず事件の関係者たちの努力は報われた。

遺族たちによる追悼

一審判決から四カ月あまりたった七月二〇日、シュタウフェンベルクたちの処刑された西ベルリン、ベンドラー・ブロックの中庭で、事件当夜処刑されたオルブリヒト将軍の未亡人ら遺族たちによる追悼碑建立の定礎式がおこなわれた。市長エルンスト・ロイター（一九四六年トルコ亡命から帰国。社民党）も出席した。中庭が選ばれたのは事件の現場であったからだけではない。この中庭やプレッツェンゼー刑務所は、ナチ政府によって葬儀や墓所一切を拒否された遺族たちが唯一亡き人を憶い悼み、互いに交流できる場であった。四〇年代末からは、おのずと彼らの共有する追悼の場となっていた。こうした事情もあったからである。

この定礎式が《七月二〇日事件》を追悼する公的行事の始まりである。翌五三年七月二〇日には、両手を縛られた（つまり自由を奪われた）青年のブロンズ像の除幕式がおこなわれ、以後毎年七月二〇日が追悼の日として恒例化していく。事件一〇周年となる五四年七月二〇日にはホイス大統領の、翌二一日にはアデナウアー首相の追悼演説がおこなわれ、さらにベンドラー通りはシュタウフェンベルク通りに改称された。ユリウス・レーバーの妻アンネドーレは毎年追悼式典にいそいそと出かけていた、と娘のカタ

5－11　追悼式典のおこなわれるベルリン・ドイツ抵抗記念館中庭（栄誉庭）の青年のブロンズ像

5－12　1954年の10周年追悼式典に臨むホイス大統領（中央左）とアデナウアー首相

リーナは語っている。

一方、西ベルリンに暮らす牧師ペルヒャウにすれば、《七月二〇日事件》の人びとだけではなく《ローテ・カペレ》の人びとも評価されるべきであった。彼は東ドイツに住む生存者グレタ・クックホフのまねきで、プレッツェンゼーで催された《ローテ・カペレ》処刑者追悼二〇周年（六二年一二月二二日）に出席し、追悼の挨拶をしている。すでに分断国家の象徴ベルリンの壁が建設されていた。だがペルヒャウにとっては、イデオロギーの壁を越えて、彼が死に寄り添った人びとが、勇気をもってヒトラー独裁制に抗《あらが》った事実こそが重要であったからだろう。

むすび

ここまで、ヒトラーのドイツに代わる「もう一つのドイツ」をめざす人びとを、五章にわたってたどってみた。反ナチ運動の担い手はじつに多岐におよぶ。無名の男女小市民から上層市民まで各層各界の人びとが反ナチ運動に関わっている。本書が着目したのは、そのなかでも既成の組織に縛られず後ろ盾もない人びとがいかに考え行動したかである。彼らを支えたのは、自らの責任で決断し事を引き受ける意志である。これを「市民的勇気《ツィヴィル・クラージュ》」という。それを彼らはそれぞれの置かれた立場で自らの行為として表した。通底するのは、ナチズムにたいする倫理的闘いであったことである。本書では《クライザウ・サークル》の人びとを中心に述べたが、その一端を読みとっていただけたと思う。

ここでぜひ述べておきたいことがある。歪められあるいはその存在すら否定された《ローテ・カペレ》と孤独な暗殺者ゲオルク・エルザーの、その後についてである。反ナチ抵抗運動の調査研究が始まって七〇年近くになるが、彼らが注目され光が当てられるようになったのは、今世紀になってからである。《ローテ・カペレ》は東西冷戦の影響をまともにうけて、西ドイツでは久しく無視されてきた。もっとも《七月二〇日事件》にしても公認されたとはいえ、やがて西ドイツ再軍備によって誕生した連邦軍の規範として、軍人シュタウフェンベルクたちも理想化された。また西ドイツ建国の柱石とまで過度に政治的に解釈されていた。

こうした事態が修正されるのは、社会民主党初の連邦首相ヴィリィ・ブラントの東方政策によって東西の対話がすすむ一九七〇年代以降、抵抗運動研究の多面的な検証作業がおこなわれるようになってからである。世代交代した「七月二〇日事件の救援機関」のもとに組織された「七月二〇日事件研究会」が、歴史学界とりわけミュンヘンの「現代史研究所」と連携して、この作業の中心になった。《ローテ・カペレ》グループをソ連のスパイ網と決めつける誤りは正された。さらに九〇年以降にはこのグループにかんする東側資料の閲覧もできるようになり、理解も深まった。四年間におよぶグループの生存者や遺族二〇人以上に聞き取り調査したうえでの研究（二〇〇二年）は、つぎのように伝えている。このグループはモスクワ指令のスパイ組織でもなければ、共産主義者の抵抗組織でもなかった。それは自由とより良き生活環境を願ってヒトラー打倒をかかげた、国民各層から集まった勇気ある人びとの緩やかな草の根組織であった、と。このグループをスパイ組織とみたのは、イデオロギー過剰の思考がもたらした誤りである。今日、歴史教科書もこのグループを《白バラ》グループと同列に扱い記述している。

問題はミュンヘン、ビュルガーブロイケラーの爆破犯ゲオルク・エルザーである。彼はナチ指導部が最終勝利後に利用するための政治的な道具であった。その行動の真実は隠蔽され、死後もずっとたんなる爆破犯とされた。さらに高名な福音派教会の指導者マルチン・ニーメラーの噂にもとづく発言（「エルザーはナチ親衛隊伍長だと聞いた」）が浸透し、それは学術誌にも援用された。事件後には連帯責任で、エルザーの父母、妹夫婦、弟は拘留され、甥《おい》は孤児院送りとなった。彼の働いた職場の経営者は懲役刑に処された。郷里のケーニヒスブロンの住民たちは徹底的に調査され尋問をうけた。彼らはこの事件で深く傷ついた。事件はこの小さな町のトラウマとなって残った。彼の名前は禁句であった。終戦五年後の一九五〇年にようやくエルザーの死亡を伝えられた母マリアは、ナチのスパイという息子の噂を信じられないまま、一九六〇年失意のうちに世を去った。

そのエルザーについて一九七〇年、現代史研究所グルッフマンによる、再尋問の調書の発掘と検証によって、従来の歴史家たちの見方をくつがえす反ナチ抵抗者の像が提示されたことは、衝撃である。だが学問的に示された事実だからといって、染み付いた考えがただちに変わるものではない。彼の復権まで長い時間がかかった。《七月二〇日事件》のばあいも、戦後初期という事情はあるにせよ、国民大衆に受容され認知されるまで二五年前後を要した。マスコミのキャンペーンがはられ、歴史教科書の記述はもとより、戦後全国各地に設立された政治教育センターの啓蒙活動がなされたうえでのことである。それが三〇年間も犯罪者とみなされた一人の小市民の名誉回復ということなのだから、容易ではない。しかも郷里の拒否反応もあった。

じつはエルザーはシュタウフェンベルク大佐より四歳上、生まれは同じく南独シュヴァーベン地方であり、大佐の生地イェティンゲンとケーニヒスブロンはさほど遠くはない。外部からみると同郷に近い。シュタウフェンベルクはエルザー事件を意識しなかったといわれるが、ヒトラー爆殺の行動に違いはない。しかもともに戦争の進行を阻止し、ともに良心の葛藤に苦しみ最後の手段として爆殺の手段をとらざるをえなかった。だが、かたや連邦軍の鑑《かがみ》とされる貴族のエリート軍人、かたや突然抵抗者と判明した指物師エルザーである。そうしたエルザーについてグルッフマンによる検証がなされた七〇年以降、どのような対応がなされたのか。

当然のことだが、早速マスコミは取りあげ、南ドイツ放送がエルザー事件の実録をテレビ放送した。だがほとんど反響はなかった。むしろ続発する極左集団によるテロへの対策が関心を呼んでいた七〇年代ということもあって、人びとはエルザー事件には尻込《しりご》みしたという。くわえて、エルザーの履歴について先入観に捉われた歴史家たちが依然として少なくなかった。教養ある「七月二〇日の人びと」と無学なエルザーとでは同列に語ることなどできない、と。

こうした事態を打開したのが連邦首相ヘルムート・コールである。彼は八四年七月二〇日、《七月二〇日事件》四〇周年追悼演説で「人間の尊厳と自由、正義と真理のために身をささげた人びとの一人」としてゲオルク・エルザーを称えた。さらにドイツ再統一後の九四年の五〇周年式典でも、コール首相は「ショル兄妹たちの《白バラ》の犠牲と、一人の指物職人ゲオルク・エルザーの行動を追悼する」演説をおこなった。こうした演説をつうじてエルザーも、ドイツ連邦共和国の公式の追悼の対象になっていく。その背後にはドイツ抵抗記念館学術顧問シュタインバッハ教授、トゥッヘル館長たちの精力的な著述と講演活動による、エルザーの評価を高めようという不断の努力がある。

さらに、エルザーの話題をタブーにしていた郷里ケーニヒスブロンにシュタインバッハ、トゥッヘルたちは出かけ、住民たちに彼の行動の真実を知ってもらう講演活動をつづけている。これに連携して一九八九年以降、隣町のハイデンハイムの住民有志たちによって「ゲオルク・エルザー研究会」もつくられ活動を始めた。抵抗者エルザー追悼の日、追悼祭が企画されエルザーの紹介冊子も発行されるなど、啓発活動がすすめられた。

こうした経緯をたどってケーニヒスブロン住民の理解も深まった。九〇年には若い新町長のもとで、町として抵抗者エルザーを追悼しようと、「エルザー記念館」設立の気運も高まっていく。九八年二月、町の体育館に住民たちが溢れんばかりに参集した開館祝賀会に州大

結－１　ケーニヒスブロン駅のそばに立つゲオルク・エルザー像

臣から「バーデン・ヴュルテンベルクの地は偉大な息子たち（シュタウフェンベルクとエルザー）のことを大いに誇っていい」という祝辞がよせられたという。また「研究会」の調べによると、一九八九年全校種の約七〇の教科書で、エルザーの名と行動を記したのは七冊にとどまっていたが、二〇〇〇年にはすべてが彼の存在を取りあげ、とくに高等教育機関に進学しない基幹学校用の教科書には彼は包括的に描かれている。また小さな記念館には毎年二〇〇〇人の参観者があるという。

現在ケーニヒスブロン鉄道駅のそばに、三〇年間無視され忘れられたことを表すためであろうか、みすぼらしい老人の姿のエルザー全身像が立っている。事件に傷ついた町は、エルザーを恥じて沈黙する町から彼を誇る町に変わった。

反ヒトラー独裁に立ち上がった人びとの復権は、《七月二〇日事件》に始まったが、無名の人びとを糾合した《ローテ・カペレ》を経て、孤独のなか不当な事態の解決を必死に考え決断し行動したゲオルク・エルザーをもって終えようとしている。着目してほしいのは、社会的エリートではなく一人の小市民の勇気が顕彰されるにいたったという事実である。それと同時に、被迫害者たちを救援した多くの「沈黙の勇者」たちがいたことである。人間としてまっとうに生きることが難しい異常な時代であったからこそ、彼らはその本来の姿を示すことができたといえるかもしれない。

あとがき

まがりなりにも教育研究の道をあゆんできた筆者は、「人間いかに生きるか」という問いと無縁な教育研究はないと思っている。とくに歴史的にものを見、考えることが習い性となっているためか、人びとが時代の動きにどう関わって生きたかはいつも中心テーマとなってきた。

久しくドイツ現代史にたずさわってきたが、なかでもわずか一二年間のナチス期に分け入ると、そこに生きた人びとの考えや行動には興味が尽きない。そこで示された問題は時空をこえ、いまなおその意味を失っていないと考えるからである。専門家以外の方々にこれについて語りたいという願いは、ずっといだいてきた。その意味で中公新書の編集部から、ヒトラー独裁に抵抗する有名無名の市民たちの行動について執筆する機会を与えられたことは、じつに幸いであった。

もっとも、一般読者にもわかるような新書形式で書いたことのないわが身には、骨が折れる作業であった。編集部の酒井孝博さんには貴重なコメントをいただいた。氏の助力なくして本書が日の目を見なかったことだけは確かである。

本書の副題とした「反ナチ市民の勇気とは何か」について若干述べておきたい。「むすび」に「市民的勇気」という言葉を挙げたが、その意味内容がひろく知られているとはいいがたい。もともとフランス語をドイツ語化した「ツィヴィル・クラージュ」という言葉だが、のちにドイツ帝国宰相となるビスマルクの造語である。「市民的勇気」ないし「市民の勇気」とでも訳すほかないが、彼はこの語を「戦場の勇気」に対比させた。

これを非常な緊迫感をもって提起したのが、反ナチ抵抗者として処刑された若き神学者ディートリヒ・ボンヘッファーである。彼は自らの反ナチ活動一〇年間を総括し、この言葉にナチズムに従順ではなく異議を唱える勇気、自立せんとする勇気という意味をこめた。彼はナチ期に生きる人びとにその勇気を切望した。

副題は、このボンヘッファーの意図を本書の内容に即して援用したことによっている。七〇年以上前の言葉だが、たんに歴史的用語として捨てておくことのできない意味内容をふくんでいる。筆者自身、反ナチ市民として彼、彼女たちが臆することなく人間性を失わず信念をもって生きた姿に再三粛然たる思いをいだいて書き進めた。本書を手にした方々に何がしかの意味を読みとっていただけたら、この上ない喜びである。

末尾に記しておく。これまで拙文の最初の批評はいつも妻であったが、本書もまたそれが支えとなった。

二〇一五年一〇月

倉敷市の寓居にて記す

對馬 達雄

とも)，4—12
Friedrich, Karin, *Zeitfunken*, München 2000.　2—6，2—14，5—2，5—9
Geyken, Frauke, *Wir standen nicht abseits*, München 2014.　5—4
————*Freya von Moltke*, München 2012.　5—5
Grabner, Sigrid / Röder, Hendrik, *Henning von Treschow*, Berlin 2001.　3—10
Guido Knopp, *Sie wollten Hitler töeten*, 2005.　4—2
Harpprecht, Klaus, *Harald Poelchau*, Hamburg 2007.　2—15，5—6
Kershaw, Ian, *Hitler 1936-45: Nemesis*, New York 2000.　1—3，1—6
Leisner, Barbara, *Sophie Scholl*, München 2003.　1—5，2—12，4—5
Meding, Dorothee von, *Mit dem Mut des Herzens*. Berlin 1997.　5—7
Nachama, Andreas / Hesse, Klaus (Hrsg.), *Vor aller Augen*, Berlin 2011.　2—1（2点とも）
Renz, Ulrich, *Georg Elser*, Stuttgart 2009.　3—6，3—7，3—8
Schneider, Peter, *"Und wenn Wir nur eine Stunde gewinnen..."*, Berlin 2001.　2—9，2—11
Winterhager, Wilhelm Ernst, *Der Kreisauer Kreis—Porträt einer Widerstandsgruppe*, Berlin 1985.　2—7，3—2，3—3，3—4，3—12，4—3，4—4，4—6，4—8，4—9，4—11（2点とも)，5—8
Wojak, Irmtrud, *Fritz Bauer 1903-1968.Eine Biographie*, München 2009.　5—10
Zeller, Eberhard, *Oberst Claus Graf Stauffenberg*, Paderborn, 1994.　3—11
ヴォルフガング・イェーガー／クリスティーネ・カイツ編著、中尾光延監訳、小倉正宏・永末和子訳『ドイツの歴史【現代史】』明石書店　2006　2—3
筆者撮影　2—2，2—5（2点とも)，2—13，5—3，5—11，結—1
ドイツ抵抗記念館蔵　5—12

Neumann, Erich Peter / Noelle, Elisabeth, *Antworten. Politik im Kraftfeld der öffentlichen Meinung*, Allensbach 1954.

Reichel, Peter, *Vergangenheitsbewältigung in Deutschland. Die Auseinandersetzung mit der NS-Diktatur von 1945 bis heute*, München 2001.（小川保博・芝野由和訳『ドイツ　過去の克服——ナチ独裁に対する1945年以降の政治的・法的取り組み』八朔社　2006）

Reichwein, Rosemarie, *"Die Jahre mit Adolf Reichwein prägten mein Leben". Ein Buch der Erinnerung*, München 1999.

Ritter, Gerhard, *Carl Goerdeler und die deutsche Widerstandsbewegung*, Stuttgart 1954.

Steltzer, Theodor, *Von deutscher Politik. Dokumente, Aufsätze und Vorträge*, Frankfurt a. M. 1949.

Wojak, Irmtrud, *Fritz Bauer 1903-1968. Eine Biographie*, München 2009.

【むすび】

Renz, Ulrich, *Georg Elser . Ein Meister der Tat*, Stuttgart 2009.

Roloff, Stefan, *Die Rote Kapelle. Die Widerstandsgruppe im Dritten Reich und die Geschichte Helmut Roloffs*, Berlin 2002.

写真出典一覧

Achmann, Klaus / Bühl, Hartmut, *20. Juli 1944*, Hamburg 1999.　2—10,　3—5,　3—13

Aust, Stefan / Burgdorff, Stephan, *Die Flucht*, Bonn 2005.　1—4, 4—1（右）

Benz, Wolfgang, *Geschichte des Dritten Reiches*, München 2000.　2—4,　2—8,　3—1,　4—10

Brakelmann, Günter, *Peter Yorck von Wartenburg*, München 2012.　4—7

Die Reise in die Vergangenheit, Bd. 4 Braunschweig 2009.　1—2, 3—9,　4—1（左）

Distel, Barbara / Jakusch, Ruth（Hrsg.）, *Concentration Camp Dachau 1933-1945*, 1978.　1—1,　5—1

Entdecken und Verstehen, Bd. 4 Berlin 2009.　1—7,　1—8（2点

und Widerstandskämpfer. Ein Lebensbild in Briefen und Dokumenten (*1914-1944*), Paderborn 1999.

Poelchau, Harald, *Die letzten Stunden. Erinnerungen eines Gefängnispfarrers*, Berlin 1949, 1987.

Schwerin, Franz Graf von, *Helmuth James Graf von Moltke: Im Widerstand die Zukunft denken. Zielvorstellungen für ein neues Deutschland*, Paderborn 1999.

Thielicke, Helmut, *In der Stunde Null. Die Denkschrift des Freiburger "Bonhoeffer-Kreises"*, Tübingen 1979.

【第五章】

Andreas-Friedrich, Ruth, *Schauplatz Berlin Tagebuchaufzeichnungen 1945-1948*, Frankfurt a. M. 1984, 2012.（飯吉光夫訳『舞台・ベルリン――あるドイツ日記 1945／48』朝日イブニングニュース社　1986年）

Aretin, Felicitas von, *Die Enkel des 20. Juli 1944*, Leipzig 2004.

Dertinger, Antje, *Heldentöchter*, Bonn 1997.

Fröhlich, Claudia, *"Wider die Tabuisierung des Ungehorsams". Fritz Bauers Widerstandsbegriff und die Aufarbeitung von NS-Verbrechen*, Frankfurt a. M. 2006.

Geyken, Frauke, *Wir standen nicht abseits. Frauen im Widerstand gegen Hitler*, München 2014.

――――*Freya von Moltke. Ein Jahrhundertleben 1911-2010*, München 2012.

Haeften, Barbara von, *Aus unserem Leben 1944-1950*, Heidelberg 1974.

Kleßmann, Christoph, *Die doppelte Staatsgründung. Deutsche Geschichte 1945-1955*, Göttingen 1991.（石田勇治・木戸衛一訳『戦後ドイツ史1945―1955――二重の建国』未来社　1995年）

Kraus, Herbert (hrsg.), *Die im Braunschweiger Remerprozeß erstatteten moraltheologischen und historischen Gutachten nebst Urteil*, Hamburg 1953.

Madelung, Eva / Scholtyseck, Joachim, *Heldenkinder Verräterkinder. Wenn die Eltern im Widerstand waren*, München 2007.

Meding, Dorothee von, *Mit dem Mut des Herzens. Die Frauen des 20. Juli*, Berlin 1997.

Schneider, Peter, *"Und wenn Wir nur eine Stunde gewinnen...". Wie ein jüdischer Musiker die Nazi-Jahre überlebte*, Berlin 2001.
Scholl, Inge, *Die Weiße Rose*, Frankfurt a. M. 2003.
Silver, Eric, *Sie waren stille Helden. Frauen und Männer, die Juden vor den Nazis retteten*, München 2000.

【第三章】
Grabner, Sigrid / Röder, Hendrik, *Henning von Tresckow. Ich bin der ich war—Texte und Dokumente*, Berlin 2001.
Kershaw, Ian, *Hitler 1936-45: Nemesis*, New York 2000.
Renz, Ulrich, *Bürgerbräukeller. Hochburg und Trümmerfeld*, Königsbronn 2011.
————*Der Fall Niemöller. Ein Briefwechsel zwischen Georg Elsers Mutter und dem Kirchenpräsidenten*, Königsbronn 2002.
Steinbach, Peter / Tuchel, Johannes, *"Ich habe den Krieg verhindern wollen". Georg Elser und das Attentat vom 8. November 1939. Eine Dokumentation*, Berlin 1997.
————*Georg Elser. Der Hitler-Attentäter*, Berlin 2010.
Zeller, Eberhard, *Oberst Claus Graf Stauffenberg. Ein Lebensbild*, Paderborn 1994.
Ziller, Joachim / Renz, Ulrich / Gruchmann, Lothar, *Das Protokoll. Die Autobiographie des Georg Elser*, Königsbronn 2006, 2011.

【第四章】
Brakelmann, Günter, *Peter Yorck von Wartenburg 1904-1944. Eine Biographie*, München 2012.
Finker, Kurt, *Graf Moltke und der Kreisauer Kreis*, Berlin 1993.
Haeften Barbara von, *"Nichts Schriftliches von Politik". Hans Bernd von Haeften, Ein Lebensbericht*, München 1997.
Jacobsen, Hans-Adolf (Hrsg), *"Spiegelbild einer Verschwörung". Die Opposition gegen Hitler und der Staatsstreich vom 20. Juli 1944 in der SD-Berichterstattung*, Stuttgart 1984.
Moltke, Helmuth James von / Moltke, Freya von / Moltke, Helmuth Caspar von / Moltke, Ulrike von (Hrsg.) *Abschiedsbriefe Gefängnis Tegel September 1944-Januar 1945*, München 2011.
Pallat, G. C. / Reichwein, R. / Kunz, L., *Adolf Reichwein: Pädagoge*

アドルフ・ヒトラー著、平野一郎・将積茂訳『わが闘争（上）（下）』角川書店　1989年
H・フォッケ／U・ライマー著、山本尤・鈴木直訳『ヒトラー政権下の日常生活――ナチスは市民をどう変えたか』社会思想社　1984年
H・フォッケ／U・ライマー著、山本尤・伊藤富雄訳『ナチスに権利を剝奪された人びと――ヒトラー政権下の日常生活Ⅱ』社会思想社　1992年
エーリカ・マン著、田代尚弘訳『ナチズム下の子どもたち――家庭と学校の崩壊』法政大学出版局　1998年
Owings, Alison, *Frauen. German women recall the third Reich*, New York 1993.
Trott, von Clarita, *Adam von Trott zu Solz. Eine Lebensbeschreibung*, Berlin 1994.

【第二章】

Andreas-Friedrich, Ruth, *Der Schattenmann. Tagebuchaufzeichnungen 1938-1945*, Frankfurt a. M. 1984, 2012.（若槻敬佐訳『ベルリン地下組織――反ナチ地下抵抗運動の記録1938～1945』未来社　1991年）
Benz, Wolfgang（Hrsg.）, *Überleben im Dritten Reich. Juden im Untergrund und ihre Helfer*, München 2003.
Coppi, Hans / Danyel, Jürgen / Tuchel, Johannes, *Die Rote Kapelle im Widerstand gegen den Nationalsozialismus*, Berlin 1994.
Friedrich, Karin, *Zeitfunken. Biographie einer Familie*, München 2000.
Kosmala, Beate / Schoppmann, Claudia（Hrsg.）, *Überleben im Untergrund. Hilfe für Juden in Deutschland 1941-1945*, Berlin 2002.
Meyer, Gerd / Dovermann, Ulrich / Frech, Siegfried / Gugel, Günther（Hrsg）, *Zivilcourage lernen. Analysen—Modelle—Arbeitshilfen*, Bonn 2004.
Nachama, Andreas / Hesse, Klaus（Hrsg.）, *Vor aller Augen. Die Deportation der Juden und die Versteigerung ihres Eigentums*, Berlin 2011.
Poelchau, Harald, *Die Ordnung der Bedrängten. Autobiographisches und Zeitgeschichtliches seit den zwanziger Jahren*, Berlin 1963.

1933—1945年』岩波書店　1994年
マイケル・ベーレンバウム著、芝健介日本語版監修『ホロコースト全史』創元社　1996年
ワルター・ホーファー著、救仁郷繁訳『ナチス・ドキュメント1933—1945年』ぺりかん社　1975年
ペーター・ホフマン著、大山晶訳『ヒトラーとシュタウフェンベルク家——「ワルキューレ」に賭けた一族の肖像』原書房　2010年
ロジャー・ムーアハウス著、高儀進訳『ヒトラー暗殺』白水社　2007年

【欧文】

Balfour, Michael / Frisby, Julian, *Helmuth von Moltke. A Leader against Hitler*, London 1972.
Benz, Wolfgang / Pehle, Walter (Hrsg.), *Lexikon des deutschen Widerstandes*, Frankfurt a. M. 2008.
Brakelmann, Günter, *Der Kreisauer Kreis. Chronologie, Kurzbiographien und Texte aus dem Widerstand*, Münster 2003.
Engel, Huberta (Hrsg.), *Deutscher Widerstand—Demokratie heute*, Bonn 1992.
Harpprecht, Klaus, *Harald Poelchau. Ein Leben im Widerstand*, Hamburg 2007.
Müller, Klaus-Jürgen, *Der deutsche Widerstand 1933-1945*, Paderborn 1986.
Oppen, Beate Ruhn von (Hrsg), *Helmuth James von Moltke. Briefe an Freya 1939-1945*, München 1988.
Roth, Karl Heinz / Ebbinghaus, Angelika (Hrsg.), *Rote Kapellen—Kreisauer Kreise—Schwarze Kapellen. Neue Sichtweisen auf den Widerstand gegen die NS-Diktatur 1938-1945*, Hamburg 2004.
Winterhager, Wilhelm Ernst, *Der Kreisauer Kreis—Porträt einer Widerstandsgruppe*, Berlin 1985.

〈各章ごとの文献〉

【第一章】

阿部良男『ヒトラー全記録　20645日の軌跡』柏書房　2001年

主要文献一覧

（論文は省略）

〈全体にわたる文献〉

【邦文（訳書も一括する）】
ウルリヒ・アムルンク著、対馬達雄・佐藤史浩訳『反ナチ・抵抗の教育者――ライヒヴァイン　1898―1944』昭和堂　1996年
ゲッツ・アリー著、芝健介訳『ヒトラーの国民国家――強奪・人種戦争・国民的社会主義』岩波書店　2012年
G. ヴァイゼンボルン著、佐藤晃一訳篇『声なき蜂起』岩波書店　1956年
河島幸夫『戦争・ナチズム・教会』新教出版社　1993年
グイド・クノップ著、高木玲訳『ドキュメント　ヒトラー暗殺計画』原書房　2008年
ロバート・ジェラテリー著、根岸隆夫訳『ヒトラーを支持したドイツ国民』みすず書房　2008年
芝健介『ホロコースト――ナチスによるユダヤ人大量殺戮の全貌』中公新書　2008年
ペーター・シュタインバッハ／ヨハネス・トゥヘル編、田村光彰・小高康正・高津ドロテー・斉藤寛・西村明人・土井香乙里訳『ドイツにおけるナチスへの抵抗 1933―1945』現代書館　1998年
對馬達雄『ナチズム・抵抗運動・戦後教育――「過去の克服」の原風景』昭和堂　2006年
對馬達雄編著『ドイツ　過去の克服と人間形成』昭和堂　2011年
H. E. テート著、宮田光雄・佐藤司郎・山崎和明訳『ヒトラー政権の共犯者、犠牲者、反対者――《第三帝国》におけるプロテスタント神学と教会の《内面史》のために』創文社　2004年
成瀬治・山田欣吾・木村靖二編『ドイツ史 3』山川出版社　1997年
フランク・バヨール／ディータァ・ポール著、中村浩平・中村仁訳『ホロコーストを知らなかったという嘘――ドイツ国民はどこまで知っていたのか』現代書館　2011年
ラウル・ヒルバーグ著、望田幸男・原田一美・井上茂子訳『ヨーロッパ・ユダヤ人の絶滅（上）（下）』柏書房　1997年
ノルベルト・フライ著、芝健介訳『総統国家――ナチスの支配

1970年	ゲシュタポ文書から発見されたゲオルク・エルザーの『尋問調書』が現代史研究所のグルッフマンにより公刊
1973年 7月20日	 「財団法人7月20日事件の救援機関」の組織として「7月20日事件研究会」設立、以後現代史研究所と連携をはかる
1989年 夏 11月9日 11月12日	 ヨーロッパの相互理解をめざしモルトケ未亡人フライアの主導で「財団法人クライザウ運動」の創設 ベルリンの壁崩壊 クライザウ（現ポーランド、シフィドニツァ近郊クルジゾワ）において、ドイツ首相コールとポーランド首相マゾヴィエツキ首相が出席し、ドイツとポーランド和解の大会が開催される
1990年 10月3日	 ドイツ再統一
1992年 2月7日	 マーストリヒト条約（欧州連合EU）調印
1994年	「財団法人7月20日事件の救援機関」を「財団法人7月20日事件」に改称
1998年～	コール首相出席のもとで公式にクライザウは「ヨーロッパ和解をめざすクライザウ財団」主催の「国際青年大会」開催の会場となる
2002年	ローゼマリー・ライヒヴァイン死去（98歳）
2006年	バルバーラ・ヘフテン死去（97歳） ニーナ・シュタウフェンベルク死去（93歳）
2007年	マリオン・ヨルク死去（103歳）
2010年	フライア・モルトケ死去（98歳）
2013年	クラリータ・トロット死去（96歳）

反ナチ抵抗運動以外は成瀬・山田・木村編『ドイツ史3』（山川出版社　1997）の「年表」等を参照した

	事件」追悼碑建立の定礎式が遺族たちによりおこなわれる。翌年から７月20日は公式追悼式の行事となる
９月10日	対イスラエル賠償協定締結
10月20日	連邦憲法裁判所によりネオナチ政党 SRP 解党命令
11月25日	元反ナチ抵抗者レーア内相により連邦郷土奉仕センター創設（63年以降連邦政治教育センターと改称）
1953年 ９月18日	 ナチ被迫害・犠牲者にたいする連邦補償法
1955年 ５月	 西ドイツの主権回復、再軍備、NATO 加盟／東ドイツ主権回復
６月19日	ミュンヘンで「７月20日事件」の映画（パプスト監督）上映開始
６月21日	フランクフルトで「７月20日事件」の映画（ハルナック監督）上映開始
７月20日	ベンドラー通りからシュタウフェンベルク通りへ改名
1956年 ８月10日	 連邦憲法裁判所により西ドイツ共産党解散命令
1957年 ３月26日	 欧州経済共同体（EEC）設立条約調印
1958年 ７月	 連邦軍統合幕僚長ホイジンガー、７月20日事件の軍人たちの行動を「模範」と称える
12月１日	ルートヴィクスブルクにナチ犯罪追及センター創設
1961年 ８月13日	 東ドイツ、ベルリンの壁の建設開始
1963年 12月20日	 （〜65年８月10日）　西独フランクフルトでバウアーの指揮によりアウシュヴィッツ裁判おこなわれる
1968年	アンネドーレ・レーバー死去（64歳）
1969年 ３月５日	 ブラント政権発足（SPD と FDP の連立）

1947～48年	4カ国管理体制の事実上の終焉。西側はアメリカを頂点としたブロック形成を活発化、ソ連は東欧各国のスターリン化をすすめる
1947年8月	「1944年7月20日事件の救援機関」は「財団法人7月20日事件の救援機関」となる
1948年 6月18日 6月24日 12月12日	 西側占領地域の通貨改革 （～49年5月12日）　ソ連、西ベルリンを封鎖 西側占領地区で自由民主党FDP創設（初代党首テオドア・ホイス）
1949年 4月8日 5月 5月23日 8月14日 9月12日 9月15日 10月7日 10月10日	 西側占領地区、占領軍政府に代えて高等弁務官の設置を決定 ミュンヘンにドイツ・ナチス期研究所（52年以降ドイツ現代史研究所と改称）創設 基本法公布 連邦議会選挙 テオドア・ホイス、ドイツ連邦共和国（西ドイツ）初代大統領に選出 アデナウアー西ドイツ初代連邦首相に選出 ドイツ民主共和国（東ドイツ）建国宣言、憲法発効 ソ連軍政本部、ソ連管理委員会に代替
1950年 1月31日	 （～2月15日）　ヘドラー裁判（極右が反ナチ抵抗を中傷し無罪となった裁判）
1951年 4月18日 10月2日 10月3日	 欧州石炭鉄鋼共同体（ECSC）条約の締結 7月20日事件の追悼と遺族への支援にかんする連邦政府声明 連邦議会「財団法人7月20日事件の救援機関」へ国庫補助金支出を承認
1952年 3月7～15日 7月20日	 レーマー裁判（極右の7月20日事件攻撃を断罪した裁判） ベルリン、ベンドラー・ブロック中庭で「7月20日

7月4／5日	**ライヒヴァインとレーバーの逮捕**
7月20日	**実行者シュタウフェンベルクによるヒトラー暗殺、クーデターの失敗** 「雷雨作戦」名で反ナチ市民の大量の逮捕がつづく。民族法廷の判決により終戦直前まで処刑がおこなわれる
8月8日	**モルトケ逮捕後の「クライザウ・サークル」の指導者ヨルク処刑**
8月25日	アメリカ軍、パリ解放
9月25日	16～60歳の全男子、「ドイツ国民突撃隊」に召集
1945年	
1月17日	ソ連軍、ワルシャワ解放
1月23日	**モルトケ処刑**
1月27日	ソ連軍、アウシュヴィッツ収容所解放
2月4日	ヤルタ会談
4月9日	**ダッハウ強制収容所でゲオルク・エルザー射殺**
4月29日	アメリカ軍、ダッハウ強制収容所を解放
4月30日	ヒトラー自殺
5月8日	無条件降伏
5月14日	**市民グループ「エミールおじさん」解散**
5月28日	**ベルリン市庁、ファシズムの犠牲者にたいする救援措置を決定**
6月	ソ連占領地区で政党・労組の許可 ベルリンでKPD、SPD、CDU創設
7月17日	（～8月2日）　ポツダム会談の合意「ポツダム協定」
8月30日	連合国管理理事会、活動開始
8～9月	ソ連占領地区で土地改革開始／西側占領地区で政党・労組の許可
秋	**イギリス占領地区で「1944年7月20日事件の救援機関」の創設**
10月	ドイツ社会の「非ナチ化」の開始
11月20日	（～46年10月1日）　ニュルンベルク裁判
1946年	
1～5月	西側占領地区でアデナウアーを代表とするCDUとシューマッハーを代表とするSPD結成／ソ連占領地区でSED結党

9月1日	ドイツ本国のユダヤ人に黄色の星（ダビデの星）着用の義務化
10月1日〜	ドイツ国内ユダヤ人の国外移住禁止、アウシュヴィッツにビルケナウ収容所の建設開始
10月14日	ドイツ・ユダヤ人の東欧ゲットーへの強制移送命令
12月6日	ドイツ軍、モスクワ攻略の失敗、ソ連の反攻開始
12月11日	ヒトラー、アメリカに宣戦布告
1942年	
1月20日	ヨーロッパ・ユダヤ人の絶滅方針に関わるヴァンゼー会議の開催
1月〜	絶滅収容所での殺戮本格始動
3月〜	外国人強制労働者の急増（44年にはドイツ国内で750万人存在）
5月22〜25日	**第1回クライザウ全体会議**
6月〜	**ミュンヘン大学学生グループ「白バラ」による『白バラ通信』配布の活動開始**
9月	（〜43年6月）　**反ナチ市民グループ、「ローテ・カペレ」の摘発と処刑**
10月16〜18日	**第2回クライザウ全体会議**
1943年	
1月8日	**「クライザウ・サークル」と「ゲルデラー・サークル」の会合**
2月2日	スターリングラードでドイツ軍降伏
2月18日	**「白バラ」グループ壊滅**
3月13日	**トレスコウ一派によるヒトラー暗殺未遂**
4月7日	北アフリカ戦線でシュタウフェンベルク重傷を負う
6月12〜15日	**第3回クライザウ全体会議**
8月19日	**カトリック、グレーバー大司教を中心に「安楽死」抗議**
9月8日	イタリア、連合軍に降伏
9月17日	**シュタウフェンベルク、トレスコウとヨルク、モルトケの4人の会合**
12月31日	**モルトケとシュタウフェンベルクとの話し合い**
1944年	
1月19日	**モルトケ逮捕**
3月11日	**ブライテンブーフによるヒトラー暗殺未遂**
6月6日	連合軍、北フランスのノルマンディに上陸

9月30日	ミュンヘン協定、チェコのズデーテン地方併合
11月9日	(～10日未明) ユダヤ人への大迫害「水晶の夜」、以後ドイツ経済からのユダヤ人の排除、移住政策の強化
11月	(～45年5月) **反ナチ市民グループ「エミールおじさん」ユダヤ人救援活動開始**
38／39年冬	**モルトケとライヒヴァインの意見交換、のちの「クライザウ・サークル」結成の布石**
1939年	
3月14日	ドイツ軍、チェコスロヴァキア侵攻
3月25日	ヒトラーユーゲントへの入団義務化
夏	**反ナチ市民グループ「ローテ・カペレ」の組織化**
8月	障害者にたいする「安楽死」作戦の開始
8月23日	独ソ不可侵条約締結
9月1日	ドイツ軍、ポーランド侵攻、第2次世界大戦勃発
9月4日	戦時経済令布告
11月8日	**ゲオルク・エルザー、ミュンヘンのビュルガーブロイケラーでヒトラー爆殺未遂事件**
1940年	
1月16日	**モルトケとヨルクの会談、「クライザウ・サークル」の結成**
4月9日	ドイツ軍、デンマークとノルウェーに侵攻
4月27日	アウシュヴィッツ強制収容所建設開始
5月10日～	ドイツ軍、オランダ、ベルギー、フランスへ侵攻開始
6月22日	フランス降伏
7月～	ゲットー建設本格化
9月27日	日独伊三国同盟締結
10月12日	ワルシャワ・ゲットー設置
1941年	
1月	**ゲルデラーとベックの覚書『目標』**
3月7日	ドイツ本国のユダヤ人強制労働義務化
4月6日	ドイツ軍、ギリシャ、ユーゴスラヴィアへ侵攻開始
6月22日	ドイツ軍、ソ連侵攻(バルバロッサ作戦)、独ソ戦開始
7月28日	**ミュンスターのガーレン司教、安楽死作戦に抗議**
8月24日	安楽死作戦の一時中止

11月12日	総選挙：ナチ党統一リスト92.2%、無効7.8%、投票率95.2%
11月23日	余暇組織「歓喜力行団」創設
1934年	
4月24日	大逆罪、国家反逆罪訴訟のための民族法廷の設置法
5月29日	プロテスタント教会による「バルメン宣言」（ナチ国家への服従拒否）
6月	ヒトラー、ポルシェ博士に「フォルクスワーゲン」開発を依頼
8月1日	ドイツ帝国元首法（大統領職と首相職の統合）
8月2日	ヒンデンブルク大統領死去、ヒトラー首相・大統領兼務、称号は「総統兼首相」 国防軍、最高司令官ヒトラーへの宣誓
11月5日	ライプツィヒ市長ゲルデラー、全国価格管理官就任（1935年7月1日まで）
1935年	
3月16日	徴兵制復活
6月26日	全国労働奉仕団での労働奉仕（17〜25歳、6カ月間）の義務化
9月15日	ニュルンベルク人種法（人種法）、ユダヤ人の公民権剝奪
1936年	
8月1日	ベルリン夏季五輪開催
10月18日	4カ年計画庁設置、ゲーリンク全権委員
12月1日	ヒトラーユーゲント、国家青少年団体となる
1937年	
1月30日	国会、全権委任法を4年延長
3月22日	**ゲルデラー、ナチ体制のすべての公職を辞任し、抵抗者の道を歩む**
1938年	
2月4日	国防軍統合司令部（OKW）の新設、ヒトラー名実ともに全軍の最高指揮官となる
3月13日	オーストリア合邦
4月〜	ユダヤ系企業の組織的「アーリア化」開始
9月	ズデーテン危機（ベック、ハルダー、ヴィッツレーベンら国防軍将官グループの9月陰謀）

ナチスドイツ・反ナチ抵抗運動関連年表

太字は反ナチ抵抗運動関係を表す

1919年	
6月28日	ヴェルサイユ条約調印
8月11日	ワイマル憲法成立
1923年	
11月8日	ヒトラーのミュンヘン一揆
11月15日	ライヒ通貨委員シャハトのもとでハイパーインフレ収束へむかう
1926年	
9月8日	ドイツ国際連盟に加入
1929年	
10月24日	ニューヨークの株式大暴落を機に世界恐慌始まる
1930年	
9月14日	総選挙：ナチ党第2党に躍進
1932年	
7月30日	経済危機を背景に総選挙でナチ党第1党となる
11月6日	総選挙：ナチ党後退（230→196議席）
1933年	
1月30日	ヒトラー内閣成立
3月5日	総選挙：ナチ党の得票43.2%
3月16日	シャハト、ライヒスバンク（中央銀行）総裁就任（翌34年8月経済相を兼任）
3月22日	ミュンヘン近郊ダッハウに最初の強制収容所設置
3月23日	全権委任法（授権法）国会可決（以後国法が政府によって決定、違憲も許される）
4月1日	ユダヤ系商店などへの全国ボイコット
4月7日	職業官吏再建法の制定（官吏からのユダヤ人、左翼系人物の追放）
7月14日	新党設立禁止法（ナチ党一党独裁確立）、遺伝性疾患児出生予防法の制定
7月20日	ローマ教皇との政教条約
9月23日	アウトバーン第1期工事開始
10月14日	ジュネーヴ軍縮会議と国際連盟から脱退

ームズ・フォン（Hermuth James von Moltke, 1907-45）
5, 32, 38, 56, 66, 75, 76, 82, 83, 86-93, 96, 115, 125-128, 130, 132-134, 136, 149, 150, 156, 160, 161, 167-171, 173-176, 183, 184, 186, 192, 200, 201, 207, 209, 217, 218

【ヤ　行】

ヨルク・フォン・ヴァルテンブルク，イレーネ（Irene Yorck von Wartenburg, 1913-50）　152, 203
ヨルク・フォン・ヴァルテンブルク，ペーター（Peter Yorck von Wartenburg, 1904-44）
88, 89, 91, 92, 126-129, 132-134, 151, 152, 159-161, 165-167, 173, 183, 190, 192, 201, 209, 215, 219, 239
ヨルク・フォン・ヴァルテンブルク，マリオン（Marion Yorck von Wartenburg, 1904-2007）
91, 152, 166, 168, 175, 203, 207, 209, 212, 238, 239

【ラ　行】

ライヒヴァイン，アドルフ（Adolf Reichwein, 1898-1944）　5, 68, 89, 91, 92, 128, 129, 137, 149, 150, 160, 162, 163, 165, 173, 180, 186, 198, 199, 205
ライヒヴァイン，ローゼマリー（Rosemarie Reichwein, 1904-2002）
92, 150, 163, 168, 185, 198-200, 204-206, 219, 222, 232
ラッテ，コンラート（Konrad Latte, 1922-2005）
37, 65, 67-75, 197
リッター（Gerhard Ritter, 1888-1967）　215, 224
リットマイスター（John Rittmeister, 1898-1943）
67
ルカシェク（Hans Lukaschek, 1885-1960）
198, 228, 238, 239
ルックナー（Gertrud Luckner, 1900-95）　46
レーア（Robert Lehr, 1883-1956）　227, 236, 238
レッシュ（Augustin Rösch, 1893-1961）　174, 215
レーバー，アンネドーレ（Annedore Leber, 1904-68）
131, 153, 198, 206, 211, 212, 215, 226, 238, 239, 247
レーバー，ユリウス（Julius Leber, 1891-1945）
129-132, 134, 136, 137, 149, 150, 153, 160, 165, 178, 179, 198, 247
レーマー（Otto Ernst Remer, 1912-97）　230-232, 236, 238, 240, 241, 245, 246

(Karin Friedrich, 1925-)
51-57, 59, 61, 81, 197
プロープスト（Christopf Propst, 1919-43） 77, 78
ペータース（Hans Peters, 1896-1966） 55-60, 75, 76, 79, 80, 89, 93, 103, 132, 152, 180, 197, 214-216
ベック（Ludwig Beck, 1880-1944） 7, 18, 95-97, 126-129, 139, 141, 242
ヘッペ（Joahim Heppe）
237, 245
ペッヘル（Rudolf Pechel, 1882-1961） 221, 227
ヘフテン，ヴェルナー・フォン（Werner Karl von Haeften, 1908-44）
125, 139, 141, 153
ヘフテン，バルバーラ・フォン（Barbar von Haeften, 1908-2006） 133, 152, 153, 158, 166, 202, 208
ヘフテン，ハンス＝ベルント・フォン（Hans-Bernd von Haeften, 1905-44）
5, 66, 125, 128, 133, 135, 136, 152-154, 156, 158, 160, 165-167, 173
ペルヒャウ，ドロテー（Dorothee Poelchau, 1902-77） 66, 201
ペルヒャウ，ハラルト（Harald Poelchau, 1903-72）
46, 56, 57, 65, 67, 68, 71, 74, 75, 93, 132, 152, 153, 160-162, 166-170, 186, 198, 201, 206, 208, 214, 215, 248
ホイス（Theodor Heuss, 1884-1963） 226, 247
ポピッツ（Johannes Popitz, 1884-1945）
6, 18, 126, 128, 129
ボルヒャルト，レーオ（Leo Borchard, 1899-1945）
52-55, 57, 58, 69, 72, 73, 83, 132, 197, 220
ボンヘッファー，エミィ（Emmi Bonhoeffer, 1905-91） 209-211
ボンヘッファー，クラウス（Klaus Bonhoeffer, 1901-45） 209
ボンヘッファー，ディートリヒ（Dietrich Bonhoeffer, 1906-45） 66, 87, 96, 124, 209, 212, 213

【マ　行】

マース（Hermann Maas, 1897-1944） 128
ミーレンドルフ（Carlo Mierendorff, 1897-1943）
130, 134
モルトケ，フライア・フォン（Freya von Moltke, 1911-2010）
91, 116, 132, 136, 156, 167, 169-171, 175, 176, 185, 200, 201, 204, 207, 208, 213, 232
モルトケ，ヘルムート・ジェ

(Adam von Trott zu Solz, 1909-44)　5, 6, 83, 125, 127, 128, 135, 137, 152-154, 160, 166, 167, 173
トロット，クラリータ・フォン（Clarita von Trott zu Solz, 1917-2013）　152, 166, 167, 206

【ナ　行】

ニッケル（Maria Nickel, 生没年不詳）　49-51
ニーメラー（Martin Niemöller, 1892-1984）　46, 66, 104, 251

【ハ　行】

ハイドリヒ（Reinhard Heydrich, 1904-42）　112
バウアー（Fritz Bauer, 1903-68）　33, 234, 235, 237, 238, 241, 243-246
ハウバッハ（Theodor Haubach, 1896-1945）　160, 161, 169, 180
ハッセル（Ulrich von Hassell, 1881-1944）　6, 18, 126, 128, 221, 222
ハルダー（Franz Halder, 1884-1972）　95, 96
ハルデンベルク（Carl-Hans von Hardenberg, 1891-1958）　212, 213
ハルナック（Arvid Harnack, 1901-42）　47, 87, 162, 237
ヒトラー（Adolf Hitler, 1889-1945）　i-v, 1-10, 13-18, 21, 24, 48, 52-54, 56, 59, 60, 72, 76, 80-83, 86-89, 94-103, 106, 108, 109, 112, 113, 115-120, 122-124, 126, 129-131, 133, 134, 136, 138, 139, 141-146, 149, 150, 154-156, 162, 167, 171-179, 182, 185, 189, 192, 195, 202, 210, 217, 219, 220, 225, 229-231, 238, 240, 242, 243, 248-250, 252, 254
ヒムラー（Heinrich Himmler, 1900-45）　iv, 98, 100, 129, 138, 142, 145, 146, 148, 173, 202
ヒンペル（Helmut Himpel, 1907-43）　49
フーゼン（Paulus van Husen, 1891-1971）　216, 217, 238
フーバー（Kurt Huber, 1893-1943）　77
プライズィング司教（Konrad Graf von Preysing, 1880-1950）　184
フライスラー（Roland Freisler, 1893-1945）　78, 145, 154-156, 158, 159, 161, 162, 238
ブラント（Willy Brandt, 1913-92）　131, 227, 234, 235, 250
フリードリヒ，カーリン

Schumacher, 1895-1952)
207, 234, 235
シュメルダース（Günter Schmölders, 1903-91）
190
シュモレル（Alexander Schmorell, 1917-43）
76, 78
シュラープレンドルフ（Fabian von Schlabrendorff, 1907-80）
118, 144, 155, 212, 221
シュルツェ＝ボイゼン（Harro Schulze-Boysen, 1909-42）　47
シューレンブルク（Fritz-Dietlof von der Schulenburg, 1902-44）
126, 136
ショル兄妹
ii, iii, 7, 26, 78, 79, 228, 253
ショル，インゲ（Inge Scholl, 1917-98）
7, 79, 228
ショル，ゾフィー（Sophie Scholl, 1921-43）
77, 78, 228
ショル，ハンス（Hans Scholl, 1918-43）
76-78, 81, 228
ショル，ローベルト（Robert Scholl, 1891-1973）
7, 76, 79
シーラッハ（Baldur von Schirach, 1907-74）
15, 114
シンドラー（Oskar Schindler, 1908-74）　38
杉原千畝（1900-86）　38

【タ　行】

ダレス（Allen Welsh Dulles, 1893-1969）
135, 136, 232
ダーレンドルフ（Gustaf Dahrendorff, 1901-54）
130, 206
ティリッヒ（Paul Tillich, 1886-1965）　65, 180
テルヴィール（Marie〔本名〕Rosemarie Terwiel, 1910-43）　49
デルプ（Alfred Delp, 1907-45）
78, 92, 160, 161, 169, 189
デンホフ（Marion Gräfin Dönhoff, 1909-2002）
215, 221, 227
トゥッヘル（Johannes Tuchel, 1957-）
146, 253
ドホナーニ（Hans von Dohnanyi, 1902-45）
96, 124
トレスコウ（Henning von Treskow, 1901-44）
118-124, 126, 138, 144, 147, 148, 155, 212
トロータ（Carl Dietrich von Trotha, 1907-52）
89, 189, 201
トロット，アダム・フォン

Gruchmann） 104, 251, 252
グレーバー大司教（Konrad von Gröber, 1872-1948） 46
ゲッベルス（Joseph Goebbels, 1897-1945） iv, 8, 74, 98, 100, 108, 144, 155, 202, 230
ゲーリング（Hermann Göring, 1893-1946） 108, 202
ゲルステンマイアー（Eugen Gerstenmaier, 1906-86） 127, 128, 151, 169, 198, 214-216, 228, 234
ゲルデラー（Carl Goerdeler, 1884-1945） 6, 10, 17, 86, 87, 97, 124, 127-130, 134, 136, 148, 171, 176, 217, 242
コーゴン（Eugen Kogon, 1903-67） 227, 228
コール（Helmut Kohl, 1930-） 253
コルチャック（Janusz Korczak, 1878-1942） 22

【サ　行】

ザイツ，ヴァルター（Walter Seitz, 1906？-97）（エミールおじさん） 55, 57, 61, 62, 64, 143, 197
ザイトリッツ・クルツバッハ（Walther von Seydlitz-Kurzbach, 1888-1976） 119, 146
シャハト（Hjalmar Schacht, 1877-1970） 10, 17
シュタインバッハ（Peter Steinbach, 1948-） 217, 253
シュタウフェンベルク，アレクサンダー・フォン（Alexander Schenk von Stauffenberg, 1905-64） 90, 147, 215
シュタウフェンベルク，クラウス・フォン（Claus Schenk von Stauffenberg, 1907-44） ii, 7, 82, 90, 120-126, 128-134, 136-139, 141, 142, 146-148, 151, 153, 178, 212, 215, 234, 239, 242, 245-247, 250, 252, 254
シュタウフェンベルク，ニーナ・フォン（Nina Schenk von Stauffenberg, 1913-2006） 131, 147, 148
シュタウフェンベルク，ベルトルト・フォン（Berthold Schenk von Stauffenberg, 1905-44） 89, 90, 125, 147
シュテュルプナーゲル（Karl-Heinrich von Stülpnagel, 1886-1944） 97, 141, 220
シュテルツァー（Theodor Steltzer, 1885-1967） 89, 169, 179, 198, 201, 216, 233, 234
シューマッハー（Kurt

人名索引

【ア　行】

アイネム（Gottfried von Einem, 1918-96）　72-74
アインズィーデル（Horst von Einsiedel, 1905-47）　89, 189
アデナウアー（Konrad Adenauer, 1876-1967）　142, 225, 227, 232, 247
アンドレアス=フリードリヒ，ルート（Ruth Andreas-Friedrich, 1901-77）　51, 52, 54-58, 61-63, 68, 73, 76, 81, 83, 102, 110, 132, 143, 173, 197, 220, 222
アンネ・フランク（Annelies Marie Frank, 1929-45）　16, 38
イェッセン（Jens Jessen, 1895-1944）　126, 128
ヴァイゼンボルン（Günther Weisenborn, 1902-69）　21, 218, 226
ヴィッツレーベン（Erwin von Witzleben, 1881-1944）　97, 158
ヴィルマー（Josef Wirmer, 1901-44）　136
ヴルム（Theophil Wurm, 1868-1953）　128, 184, 214
エルザー（Johann Georg Elser, 1903-45）　98, 100-106, 109-112, 120, 249-255
オイケン（Walter Eucken, 1891-1950）　190, 192
オスター（Hans Oster, 1887-1945）　96, 97, 124, 212
オルブリヒト（Friedrich Olbricht, 1888-1944）　124, 139, 141, 246

【カ　行】

カイザー（Jakob Kaiser, 1888-1961）　128, 136, 228
カーティス（Lionel Curtis, 1872-1955）　32, 93, 175, 207
カナリス（Wilhelm Canaris, 1887-1945）　96, 212
ガブレンツ（Otto von Gablenz, 1898-1972）　183, 186
カルテンブルンナー（Ernst Kaltenbrunner, 1903-46）　142, 150
ガーレン司教（Clemens von Galen, 1878-1946）　46, 49
ギゼヴィウス（Hans Gisevius, 1904-74）　135
ギレンバント（Nikolaus von Üxküll-Gyllenband, 1877-1944）　122
グラーフ（Willi Graf, 1918-43）　77, 78
グルッフマン（Lothar

索　引

事項索引

對馬達雄（つしま・たつお）

1945年青森県生まれ．東北大学大学院教育学研究科博士課程中途退学．教育学博士（東北大学，1984年）．秋田大学教育文化学部長，秋田大学理事・副学長等を歴任．秋田大学名誉教授．

主著『ディースターヴェーク研究』（創文社，1984年）
『ナチズム・抵抗運動・戦後教育――「過去の克服」の原風景』（昭和堂，2006年）
『ドイツ　過去の克服と人間形成』（編著書，昭和堂，2011年）
『ヒトラーの脱走兵――裏切りか抵抗か，ドイツ最後のタブー』（中公新書，2020年）
訳書 ウルリヒ・アムルンク『反ナチ・抵抗の教育者――ライヒヴァイン1898―1944』（昭和堂，1996年）他
主要論文「ナチス体制下の教育的抵抗」（『思想』No.833）
「ドイツ現代史にみる《普遍的価値》の再生」（『教育学研究』74―4）

ヒトラーに抵抗《ていこう》した人々《ひとびと》
中公新書 *2349*

2015年11月25日初版
2022年2月20日5版

著　者　對馬達雄
発行者　松田陽三

本文印刷　三晃印刷
カバー印刷　大熊整美堂
製　　本　小泉製本

発行所　中央公論新社
〒100-8152
東京都千代田区大手町 1-7-1
電話　販売 03-5299-1730
　　　編集 03-5299-1830
URL https://www.chuko.co.jp/

定価はカバーに表示してあります．
落丁本・乱丁本はお手数ですが小社販売部宛にお送りください．送料小社負担にてお取り替えいたします．

本書の無断複製（コピー）は著作権法上での例外を除き禁じられています．また，代行業者等に依頼してスキャンやデジタル化することは，たとえ個人や家庭内の利用を目的とする場合でも著作権法違反です．

©2015 Tatsuo TSUSHIMA

Published by CHUOKORON-SHINSHA，INC.
Printed in Japan　ISBN978-4-12-102349-0 C1222

中公新書刊行のことば

いまからちょうど五世紀まえ、グーテンベルクが近代印刷術を発明したとき、書物の大量生産は潜在的可能性を獲得し、いまからちょうど一世紀まえ、世界のおもな文明国で義務教育制度が採用されたとき、書物の大量需要の潜在性が形成された。この二つの潜在性がはげしく現実化したのが現代である。

いまや、書物によって視野を拡大し、変りゆく世界に豊かに対応しようとする強い要求を私たちは抑えることができない。この要求にこたえる義務を、今日の書物は背負っている。だが、その義務は、たんに専門的知識の通俗化をはかることによって果たされるものでもなく、通俗的好奇心にうったえて、いたずらに発行部数の巨大さを誇ることによって果たされるものでもない。現代を真摯に生きようとする読者に、真に知るに価いする知識だけを選びだして提供すること、これが中公新書の最大の目標である。

私たちは、知識として錯覚しているものによってしばしば動かされ、裏切られる。私たちは、作為によってあたえられた知識のうえに生きることがあまりに多く、ゆるぎない事実を通して思索することがあまりにすくない。中公新書が、その一貫した特色として自らに課すものは、この事実のみの持つ無条件の説得力を発揮させることである。現代にあらたな意味を投げかけるべく待機している過去の歴史的事実もまた、中公新書によって数多く発掘されるであろう。

中公新書は、現代を自らの眼で見つめようとする、逞しい知的な読者の活力となることを欲している。

一九六二年一一月

中公新書

現代史

2590 人類と病 詫摩佳代
2664 歴史修正主義 武井彩佳
2451 トラクターの世界史 藤原辰史
2666 ドイツ・ナショナリズム 今野元
2368 第一次世界大戦史 飯倉章
27 ワイマル共和国 林健太郎
478 アドルフ・ヒトラー 村瀬興雄
2553 ヒトラーの時代 池内紀
2272 ヒトラー演説 高田博行
1943 ホロコースト 芝健介
2349 ヒトラーに抵抗した人々 對馬達雄
2610 ヒトラーの脱走兵 對馬達雄
2448 闘う文豪とナチス・ドイツ 池内紀
2329 ナチスの戦争 1918-1949 R・ベッセル 大山晶訳
2313 ニュルンベルク裁判 A・ヴァインケ 板橋拓己訳

2266 アデナウアー 板橋拓己
2615 物語 東ドイツの歴史 河合信晴
2274 スターリン 横手慎二
530 チャーチル(増補版) 河合秀和
2643 イギリス1960年代 小関隆
2578 エリザベス女王 君塚直隆
1415 フランス現代史 渡邊啓貴
2356 イタリア現代史 伊藤武
2221 バチカン近現代史 松本佐保
2415 トルコ現代史 今井宏平
2670 サウジアラビア―「イスラーム世界の盟主」の正体 高尾賢一郎
2538 アジア近現代史 岩崎育夫
2586 東アジアの論理 岡本隆司
2437 中国ナショナリズム 小野寺史郎
2600 孫基禎《ソン・ギジョン》―帝国日本の朝鮮人メダリスト 金誠
2034 感染症の中国史 飯島渉
1959 韓国現代史 木村幹

2262 先進国・韓国の憂鬱 大西裕
2602 韓国社会の現在 春木育美
1876 インドネシア 水本達也
2596 インドネシア大虐殺 倉沢愛子
1596 ベトナム戦争 松岡完
2330 チェ・ゲバラ 伊高浩昭
1664 1665 アメリカの20世紀(上下) 有賀夏紀
2626 フランクリン・ローズヴェルト 佐藤千登勢
1920 ケネディ―「神話」と実像 土田宏
2527 大統領とハリウッド 村田晃嗣
2479 スポーツ国家アメリカ 鈴木透
2540 食の実験場アメリカ 鈴木透
2504 アメリカとヨーロッパ 渡邊啓貴
2163 人種とスポーツ 川島浩平
2681 リヒトホーフェン―撃墜王とその一族 森貴史
2682 韓国愛憎 木村幹

中公新書

哲学・思想

世界史

中公新書

1045 物語 イタリアの歴史 藤沢道郎
1771 物語 イタリアの歴史 II 藤沢道郎
2508 貨幣が語る ローマ帝国史 比佐 篤
2413 ガリバルディ 藤澤房俊
2595 ビザンツ帝国 中谷功治
2663 物語 イスタンブールの歴史 宮下 遼
2152 物語 近現代ギリシャの歴史 村田奈々子
2440 バルカン―「ヨーロッパの火薬庫」の歴史 M・マゾワー 井上廣美訳
1635 物語 スペインの歴史 岩根圀和
1750 物語 スペインの歴史 人物篇 岩根圀和
1564 物語 カタルーニャの歴史（増補版） 田澤 耕
2582 百年戦争 佐藤 猛
2658 物語 パリの歴史 福井憲彦
1963 物語 フランス革命 安達正勝
2286 マリー・アントワネット 安達正勝

2466 ナポレオン時代 A・ホーン 大久保庸子訳
2529 ナポレオン四代 野村啓介
2318 2319 物語 イギリスの歴史（上下） 君塚直隆
2167 イギリス帝国の歴史 秋田 茂
1916 ヴィクトリア女王 君塚直隆
1215 物語 アイルランドの歴史 波多野裕造
1420 物語 ドイツの歴史 阿部謹也
2304 ビスマルク 飯田洋介
2490 ヴィルヘルム2世 竹中 亨
2583 鉄道のドイツ史 鴋澤 歩
2546 物語 オーストリアの歴史 山之内克子
2434 物語 オランダの歴史 桜田美津夫
2279 物語 ベルギーの歴史 松尾秀哉
1838 物語 チェコの歴史 薩摩秀登
2445 物語 ポーランドの歴史 渡辺克義
1131 物語 北欧の歴史 武田龍夫
2456 物語 フィンランドの歴史 石野裕子

1758 物語 バルト三国の歴史 志摩園子
1655 物語 ウクライナの歴史 黒川祐次
1042 物語 アメリカの歴史 猿谷 要
2209 アメリカ黒人の歴史 上杉 忍
2623 古代マヤ文明 鈴木真太郎
1437 物語 ラテン・アメリカの歴史 増田義郎
1935 物語 メキシコの歴史 大垣貴志郎
1547 物語 オーストラリアの歴史 竹田いさみ
2545 物語 ナイジェリアの歴史 島田周平
1644 ハワイの歴史と文化 矢口祐人
2561 キリスト教と死 指 昭博
2442 海賊の世界史 桃井治郎
518 刑吏の社会史 阿部謹也

中公新書
政治・法律 h2

108 国際政治（改版） 高坂正堯
1686 国際政治とは何か 中西寛
2190 国際秩序 細谷雄一
1899 国連の政治力学 北岡伸一
2574 戦争とは何か 多湖淳
2652 戦争はいかに終結したか 千々和泰明
2621 リベラルとは何か 田中拓道
2410 ポピュリズムとは何か 水島治郎
2207 平和主義とは何か 松元雅和
2576 内戦と和平 東大作
2195 入門 人間の安全保障（増補版） 長有紀枝
2394 難民問題 墓田桂
2629 ロヒンギャ危機 中西嘉宏
2133 文化と外交 渡辺靖
113 日本の外交 入江昭
1000 新・日本の外交 入江昭
2402 現代日本外交史 宮城大蔵
2611 アメリカの政党政治 岡山裕
1272 アメリカ海兵隊 野中郁次郎
2650 米中対立 佐橋亮
2405 欧州複合危機 遠藤乾
2568 中国の行動原理 益尾知佐子
700 戦略的思考とは何か（改版） 岡崎久彦
2215 戦略論の名著 野中郁次郎編著
721 地政学入門（改版） 曽村保信
2566 海の地政学 竹田いさみ
2532 シンクタンクとは何か 船橋洋一